TSAATAN
DÖRBED
DZAKCHIN
GOLOK
KHAMPA
APATANI
ADI
NAGA
MRU
MIAO (MEO)
GEIJA
PADAUNG
AKHA
KAYAH
LISU
YAO
LAHU
KAREN
BADJAO
KENYAH
IBAN
PUNAN
SAKKUDAI
DAYAK
TORAJA
SUMATRA
BALI
FLORES
SUMBA
TIMOR
TANIMBAR

ROBERT SCHMID FRITZ TRUPP

ASIEN

STÄMME · KULTE · RITUALE

ROBERT SCHMID FRITZ TRUPP

ASIEN

STÄMME · KULTE · RITUALE

Verlag Christian Brandstätter · Wien

DANK

Fritz Trupp:
Ursprünglich wollte ich alleine ein Buch über die ästhetischen Ausdrucksformen der Stammesvölker in Asien verfassen. Trotz verschiedener Anläufe verzögerten sich aber meine Versuche, es herauszubringen. So war es ein glücklicher Zufall, dass sich mein Freund Robert Schmid und ich zusammentaten, um diese Bilddokumentation zu veröffentlichen. Ihm und seinen Manager-Qualitäten sei hier gedankt.
Es ist mir unmöglich, all den Personen zu danken, die mir im Lauf von dreißig Jahren Asienfahrten mit Rat und Tat zur Seite standen. Die Namen einiger Freunde, die mich auf vielen schwierigen Reisen begleiteten, und die uns ihr Bildmaterial zur Verfügung gestellt haben, scheinen im Fotonachweis auf.
Bei meiner Arbeit in Indien bin ich folgenden Personen besonders für ihre Unterstützung und Gastfreundschaft zu Dank verpflichtet: John R. Edwards und seiner Frau Oreno, die aus dem Nagaland stammt, sowie Srikant Mishra aus Bhubaneshwar in Orissa.
Weiters danke ich der Kulturabteilung des Landes Oberösterreich und der Viktor-Adler-Stiftung für kleine Beiträge, die es mir ermöglichten, eines von vielen Teilprojekten für dieses Buch zu finanzieren.
Schließlich möchte ich mich herzlich bei meinen Kindern Alexander und Claudia sowie bei meiner Frau Ilse bedanken, nicht nur für ihren Einsatz und Elan auf unseren gemeinsamen Reisen, sondern auch für Ihren Glauben an die Realisierbarkeit dieses Buchprojektes.

Robert Schmid:
Ohne die Unterstützung meiner Lebensgefährtin Marion Schützenhofer und ihrem Verständnis für meinen Lebenswandel als Nomade der Neuzeit hätte ich nie die Kraft gehabt, meine intensiven Reisen erfolgreich durchzuführen.
Neunzehn Jahre Reisen und Expeditionen quer durch Asien ließen Freundschaften entstehen, die auf manchen Touren mein Leben retteten. Mein Dank gilt daher meinen treuen Reisegefährten Efried Malle, Oswald Bendl, Alfred Sabitzer, Andreas Schürz und Manfred Poor. Ohne sie hätte ich dieses Buch nicht schreiben können.

IMPRESSUM

Die Deutsche Bibliothek – CIP-Einheitsaufnahme
Ein Titelsatz für diese Publikation ist bei der Deutschen Bibliothek erhältlich.

1. Auflage 2003
Graphische Gestaltung:
Herbert Lenz, Robert Schmid, Nassi Taheri, Fritz Trupp
Lektorat: Milena Greif
Technische Betreuung: Franz Hanns
Reproduktion, Druck und Bindung:
Ueberreuter Print und Digimedia GmbH

ISBN 3-85498-073-6

Christian Brandstätter
Verlagsgesellschaft m.b.H.
A-1015 Wien, Schwarzenbergstraße 5
Telephon (+43-1) 512 15 43-0
Telefax (+43-1) 512 15 43-231
E-Mail: cbv@oebv.co.at
www.brandstaetter-verlag.at

ROBERT SCHMID FRITZ TRUPP

ASIEN

STÄMME · KULTE · RITUALE

Dieses Buch widmen wir den Menschen in den unterschiedlichen Regionen Asiens, bei denen wir zu Gast sein durften. Ihre angestammte Lebensweise repräsentiert die Vielfalt und Schönheit eines Regenbogens menschlicher Kulturen, der bald in der Anonymität unserer Zivilisation aufgehen wird.

DIE STÄMME ASIENS

ÜBERLEBENDE EINER ZEITLOSEN VERGANGENHEIT

Im globalen Dorf gibt es immer weniger Platz für traditionelle Stammeskulturen, zumindest scheint es so. Die letzten Stämme Asiens sind in ihrer mittlerweile eingeschränkten Existenz bedroht. Es wäre jedoch falsch anzunehmen, dass nur die westliche Expansion dafür verantwortlich ist. Die Gründe liegen vielmehr in den Kontakten der Tausende von Kulturformen, die sich gegenseitig beeinflussen. Keine Gesellschaft ist statisch, sondern unterliegt den dynamischen Prozessen der Veränderung und Wandlung, erst dadurch nehmen neue Entwicklungen ihren Lauf. Es ist aber auch nicht einfach zu bestimmen, welche Bevölkerung noch als traditionell und welche als schon industrialisiert zu bezeichnen ist. Auf die eine oder andere Art und Weise pflegen wir alle Traditionen. Denn jede Gesellschaft besitzt nach wie vor ihre Eigenheiten, ihre eigene Religion, Gebräuche und Verhaltensformen, und das trotz Industrialisierung.

Wir können das Leben der vergessenen Stämme Asiens nur verstehen, wenn wir uns auf das Abenteuer einlassen, ihre Welten mit ihren Augen zu sehen. Ihr Glaube an die Existenz verschiedener Welten und an diese bevölkernde Wesen bringt das menschliche Bedürfnis zum Ausdruck, mit diesen Welten und Wesen zu koexistieren, sich aber auch mit ihnen auseinander zu setzen und sich gegen sie zu behaupten.
Sie, die „Wächter der Erde", leben frei von allen Zwängen, einfach aus dem Herzen heraus. Geleitet von Vernunft, Selbsterkenntnis und Gefühlen, gefestigt in alten, aber bis heute bestehenden Traditionen und Weltbildern, dem Schicksal der Unendlichkeit ins Auge blickend, leben sie ihr Leben, wie ihre Vorfahren und Vorvorfahren es taten. Der Schlüssel zu ihrer Existenz ist die Selbstbestimmung – nämlich die Freiheit, ihr Leben selbst zu kontrollieren. Frei von dem Denken unserer Leistungsgesellschaft sind sie wahre Meister des Überlebens in einer nach ihren Maßstäben intakten Welt. Sie leben mit uns unbegreiflichen Ritualen, Gebräuchen, Tabus und pflegen Verhaltensformen: lebendige Kulturen, geprägt vom Charakter der Einmaligkeit.

Die unglaubliche Anpassungsfähigkeit der Stämme ermöglichte es ihnen, sich als so genannte Rückzugspopulationen dort anzusiedeln, wo Leben für nicht möglich gehalten wurde, vom ewigen Eis Sibiriens über die glühenden Sanddünen der Wüste Gobi bis hin zu den subtropischen Regenwäldern entlang des Äquators. Aus jeder dieser Herausforderungen gestalteten sie ihren neuen Lebensraum durch neu angeeignete Überlebenstechniken. Ihre Existenz ist gekennzeichnet von der Harmonie zwischen Mensch und Natur, aber das bedeutet auch, dass die Natur zur Bedrohung werden kann, und dass der Kampf um das Überleben den Alltag bestimmt. Ihr soziokulturelles Leben haben die Stämme Asiens an die neuen Bedingungen angepasst und so eine Weiterentwicklung vollzog.

Dem weit über Europa hinaus verbreiteten und doch falschen Vorurteil, dass die Stämme Asiens in ihrem ursprünglichen Lebens- und Kulturstatus stehen geblieben sind, muss an dieser Stelle eine klare Abfuhr erteilt werden. Dieses Unverständnis fremder Kulturen besteht aber nicht nur zwischen Europäern und den Stämmen Asiens, sondern auch unter ihnen selbst. Ethnische Feindseligkeiten waren und sind noch allzu oft die Hauptursache für Stammesfehden und -kriege. Diesen menschlichen Zug haben wir, die Stämme Europas, mit den asiatischen Stämmen gemeinsam. Nur werden die Kriege in der so genannten ersten Welt nicht mehr mit primitiven Waffen ausgetragen; Stattdessen versuchen Großkonzerne und Lobbies, mit allen Mitteln Einfluss zu erringen, um auf dem Schlachtfeld der Markenartikel und des Geldes als Sieger hervorzugehen. Dieses Ringen um Macht und Ehre scheint im Bewusstsein des modernen Menschen genauso verankert zu sein wie in den Köpfen jener Menschen, die noch nie einen Fernseher zu Gesicht bekommen haben. Aber die Art und Weise wie diese Kriege geführt werden, unterscheidet sich deutlich. Während die Weltkriege ganze Gesellschaften auseinander reißen, werden die Kämpfe der Ethnien meist ritualisiert geführt, so dass die Zerstörung minimal bleibt. Wesentlich ist bei ihnen die Wiederherstellung des Gewohnheitsrechts. Macht und Gier können gleichermaßen als Auslöser der Kriege von Stämmen und der Weltkriege gelten, doch geht es bei den Stammeskriegen meist um gestohlene Schweine, Verletzung des Jagdterritoriums oder um Frauenraub. Noch ein Unterschied: Stammeskriege enden oft mit Eheschließungen, Zeremonien und gegenseitigen Geschenkannahmen, die wiederum zu friedenssichernden Bindungen führen.

Die Völkervielfalt Asiens spaltet sich in zwei große Kategorien. Den großen dominierenden Gesellschaften, wie zum Beispiel die Hindus in Indien oder die Han-Chinesen in China, stehen kleinere Gesellschaften gegenüber, die Stämme. Ihnen gilt unser Augenmerk in diesem Buch. Moderne Asiaten sehen ihre eigenen eingeborenen Stämme als störende Randgruppen an, die Rechtsansprüche für ihr traditionelles Stammesland geltend machen wollen, und die obendrein auch noch lästige Anthropologen anziehen, die viele unangenehme Fragen stellen, um in aller Welt darüber berichten.

Viele Stämme wurden auch zum Spielball von Regierung und Wirtschaft. Ihr Stammesland liegt oft in den Interessensgebieten der Erdöl- und Bergbaugesellschaften, die durch ihren staatlichen Einfluss leichtes Spiel haben; die Ureinwohner sind die Leidtragenden. Um die gestiegene Nachfrage nach Energie, Bodenschätzen und Konsumgütern befriedigen zu können, fressen sich die Bulldozer immer tiefer in die Bergwelt und Regenwaldregionen und damit in das traditionelle Stammesland. Es wäre es nur allzu einfach, die Minengesellschaften dafür anzuprangern. Jedoch bestimmt die Nachfrage das Angebot, weshalb wir uns selbst den Spiegel vorhalten müssen – denn wir sind die Nachfrager.

Ganze Dörfer werden aus wirtschaftlichen Interessen gebrandschatzt, ohne dass es die Außenwelt erfährt, und bekommt sie es doch mit, wird es alsbald totgeschwiegen. Kultstätten werden zerstört, weil sie meist zum missionarischen Gedanken konträr stehen. Die Stammesmitglieder werden zu Flüchtlingen im eigenen Land. Viele kämpfen Tag für Tag um die Wahrung ihrer Identität, andere um das nackte Überleben.

All diese Widrigkeiten ließen sie aber nie ihr Land, den Ursprung ihres Lebens, verlassen. Es ist das Land, das sie nährt, das sie am Leben erhält und lehrt, mit der Natur sorgsam umzugehen. So unterschiedlich die Stämme Asiens in ihrer kulturellen Ausprägung auch sind, so ähnlich sind sie sich in ihrer Naturverbundenheit: Mit der Mutter Erde verbinden sie den Kern des Ursprunges ihrer Kultur und Identität. Nimmt man ihnen das Land, so nimmt man ihnen die Identität und treibt sie in Slums, denn die materielle und die spirituelle Welt sind für sie untrennbar.

Das Überleben vieler Stämme ist an das des Waldes gebunden, mit dem sie eine Symbiose bilden. Nur weil sie es verstehen, mit der Natur zu leben – was wir Europäer erst wieder lernen müssen –, bietet ihnen der Wald Schutz und Nahrung. Nur die harmonische Beziehung zur Natur sichert ihnen die Lebensgrundlage. Die Stämme Asiens haben sich die dazu notwendigen Fähigkeiten bis heute erhalten. Wir haben diese schon vor langer Zeit verloren und unsere ursprüngliche Heimat, die Natur, aufgegeben; zu ihr zurückzukehren, gelingt uns nur vereinzelt. Umso mehr bewundern wir die Stämme dafür, wie sie ihren Alltag meistern. Während wir Europäer uns die Erde untertan machen und sie zu beherrschen versuchen, leben sie im Einklang mit ihr, weil sie wissen, dass die Erde ihnen das Überleben sichert – sie gibt ihnen Nahrung, Obdach, Medizin und Kleidung. Sie ist die Quelle ihrer Unabhängigkeit, die es zu bewahren gilt. Für die Stämme Asiens bestimmt die Natur das Gesetz des Lebens, an das sie sich halten.

Die Macht der alten Naturreligionen mit ihren Geistern, Göttern und spirituellen Wesenheiten ist bis heute ungebrochen, da sie die religiösen Vorstellungen von der Macht der Naturerscheinungen prägten. Die Stämme Asiens verfügen über eine eigene Art der Wirklichkeitswahrnehmung, indem sie das Wirken der Naturgewalten mit dem Traumerlebnis verbanden. Sie erfahren sich selbst als Mittelpunkt ihrer Welt, wodurch sie sich stets als Urheber ihrer Ideen und Taten empfinden, und so das Bewusstsein für Universalität erlangen. Das imaginäre Vorstellungsvermögen ist bei den Stämmen besonders stark ausgeprägt und ihr tiefes Bewusstsein lässt sie weiterhin an ihren Ursprüngen festhalten, wodurch für sie ihre früheste Geschichte der Gegenwart angehört. All dies ist nicht logisch oder mathematisch erklärbar. Vieles hat einen tieferen Sinn, der mit physikalischen Gesetzen nicht zu erfassen ist. Die ethnischen Gruppen Asiens lehren uns, nicht alles rational erklären zu wollen, da vieles im Unterbewusstsein steckt, und man erst lernen muss, diese verborgenen Schätze zu nutzen.

Nichts, was Stammesmitglieder tun, ist überflüssig, denn Kräfte und Energien zu vergeuden, kann lebensbedrohlich sein. Die Beschränkung auf das Wesentliche und Notwendige durchzieht ihr ganzes Leben und macht es möglich, in den Wüsten, Hochgebirgen, Steppen und Regenwäldern zu überleben. Die Stämme Asiens haben niemals versucht, sich die Natur untertan zu machen, sondern haben ihren Platz in der unendlichen Natur gefunden. Sie haben es verstanden, sich an die Umwelt anzupassen und ihr täglich nur so viel abzuringen, wie sie zum Leben oder zum Überleben brauchen. Die Grundvoraussetzung dafür ist ein intakter Familienclan und eine funktionierende Gesellschaft. Sie alle wissen, dass man in einem gefahrenreichen Leben Gefährten braucht, und die findet man nirgendwo anders als auf dem als richtig erkannten, gemeinsamen Weg.

„Auf den Ölfeldern konnten die Beduinen das Geld finden, von dem sie träumten. Sie konnten große Summen verdienen, indem sie im Schatten lagen und ein Depot bewachten oder eine Arbeit verrichten, die gewiss leichter war, als das Tränken durstiger Kamele an einem beinahe versiegten Brunnen … Die Freiheit und die Unruhe in ihrem Blut zog die meisten jedoch wieder in die Wüste zurück, aber dort wurde das Leben mit jedem Tag schwieriger. Bald würde es vielleicht ganz unmöglich werden."

Wilfred Thesiger, Die Brunnen der Wüste, 1959

DAS ALTE ARABIEN

SILBERMOND UND KUPFERMÜNZE

Der südliche Teil der Arabischen Halbinsel beherbergt grandiose Landschaftsszenerien: Mächtige Gebirgsmassive, karge Hochplateaus, lebensfeindliche Einöden, Sandmeere, gelegentlich unterbrochen von Oasensiedlungen. Im Herzen dieser Halbinsel liegt eine Wüste, doppelt so groß wie Deutschland und so karg, dass sie Rub al-Khali, das „Leere Viertel" heißt. Dieser unwirtliche Lebensraum blickt auf eine bewegte Geschichte zurück. Hier entstanden bedeutende Hochkulturen, deren Handelsbeziehungen über die ganze damals bekannte Welt reichten. Vom Indischen Ozean führte die legendäre Weihrauchstraße durch die Arabische Halbinsel bis zum Mittelmeer und brachte den Menschen sagenhaften Wohlstand. Die Legende berichtet auch von einer Frau, die wegen ihrer Schönheit und Klugheit gerühmt wurde, und die als die Königin von Saba in die Geschichte einging.

Die Wüstengebiete waren seit je her die Heimat der Beduinen, arabischer Nomaden, die sich auf der Suche nach geeigneten Weideplätzen und Wasserstellen über die gesamte Halbinsel zwischen Indischem Ozean und Persischem Golf beständig ausbreiteten. Reine Nomaden gibt es heutzutage im südlichen Arabien fast nicht mehr. Im Jemen führen die meisten von ihnen eine halbsesshafte Lebensweise, wobei sie sich allerdings ihre traditionelle Stammesorganisation weitgehend bewahrt haben. Die Beduinen sind an ihre nomadische Lebensform hervorragend angepasst. Ihre Behausungen sind leicht zu transportierende Zelte aus Stangen und den aus der Wolle der schwarzen Langhaarziegen gewebten Zeltbahnen. Ihr Hausrat beschränkt sich auf das Notwendigste. Von großer wirtschaftlicher Bedeutung ist die nomadische Wirtschaftsform auch heute noch, weil sie Flächen in extremen ökologischen Nischen nutzt, die sonst brachliegen würden. Heute leben viele Beduinen in temporär bewohnten Siedlungen am Rand von Wüstengebieten oder Oasen, manche pflanzen Dattelpalmen und züchten Schafe und Ziegen. Ein hoher sozialer Stellenwert kommt nach wie vor den Kamelen zu, neben ihrer wirtschaftlichen Bedeutung als Reit- und Transporttier auch als Woll- und Milchlieferant. Eine zusätzliche Einnahmequelle bildet bei manchen Stämmen im Wadi Hadramaut das Einsammeln von Weihrauchharz.

Beduinenfrau aus dem Sinai mit reich verziertem Gesichtsschleier.

In den teilweise noch recht unerschlossenen Gebirgs- und Hochlandregionen des nördlichen Jemen, dem „Dach Arabiens", liegen die Stammesgebiete einer sesshaften, bäuerlichen Bevölkerung, die sich in verschiedene Klassen gliedert. Die wirtschaftliche Basis ist hier der Anbau von Kaffee, Hirse, Wein und vor allem von Qat, eines strauchartigen Gewächses, dessen Blätter ein begehrtes, narkotisierendes Genussmittel darstellen.

Die Oasen sind das Siedlungsgebiet der sesshaften Bodenbauern, hier konzentrieren sich Handel und Handwerk, hier entstanden die Voraussetzungen für eine städtische Kultur, deren Anfänge bis weit in vorchristliche Zeit zurückreichen. In den größeren Städten gibt es lebhafte Basare und Häfen, in denen immer noch Dhaus vor Anker liegen, jene altehrwürdigen Segelboote, die an die Geschichten Sindbads des Seefahrers erinnern.

In den letzten Jahrzehnten ist es auf der Arabischen Halbinsel zu tiefgreifenden Veränderungen gekommen. Innerhalb einer Generation katapultierten Erdölreichtum und Wirtschaftsboom eine ganze Region vom Mittelalter in die Moderne. Trotz aller Probleme, die heute in wirtschaftlicher, sozialer und politischer Hinsicht existieren, gibt es aber noch ein Arabien, das im Verborgenen blüht. Im Südwesten der Halbinsel haben sich viele Elemente der angestammten Kultur und alte Stammestraditionen erhalten. Dazu gehören vor allem die faszinierenden traditionellen Bauformen, die Kleidung und der Schmuck. Die meisten Aufnahmen in diesem Kapitel sind während zahlreicher Reisen und Erkundungen im Nord- und Südjemen entstanden.

Wie in allen islamischen Ländern spielen auch im Jemen die vielfältigen Kopfbedeckungen, Gesichtsschleier, Turbane und Käppchen eine wichtige Rolle. Sie sind nicht nur Schmuck und Schutz vor Sonne und Wüstenstaub, sondern haben auch eine magisch-religiöse Funktion, da sie Unheil und den bösen Blick abwehren. Die Kopfbedeckung hat für den traditionsbewussten Moslem aber noch eine andere Bedeutung. Der Kopf gilt als jener Körperteil, der direkt mit Gott in Verbindung steht, aber auch bestimmten Gefahren durch Schadenzauber ausgesetzt ist. Vielfach tragen bereits kleine Buben eine Mütze, die mit magischen Motiven oder aufgenähten Amuletten geschmückt ist, um Unheil fern zu halten. Kleidung und Kopfbedeckung geben aber auch, ähnlich wie der Schmuck, Auskunft über die Herkunft des Trägers und seinen sozialen Status.
Ein eigenes und sehr vielschichtiges Thema ist die weiblichen Kopfbedeckung und Gesichtsschleier. Über das Phänomen des Gesichtsschleiers im Orient schrieb Sonja Stockhammer: „Das vieldiskutierte Attribut wird zum Symbol der fraulichen Selbstdarstellung: ob für eine Nonne, als Schleier einer ‚reinen, unschuldigen Braut' im europäischen Kulturkreis, oder als Verhüllung der geschlechtsreifen, wie auch verheirateten Frau im Islam. Der verhüllende Schleier macht immer aufmerksam auf etwas Verborgenes und strahlt meist einen Hauch Erotik aus, kann sowohl Schutz als auch ‚Gefängnis' assoziieren lassen, in jedem Fall aber ist er ambivalent."
Die größte Freiheit im Umgang mit dem Schleier haben Beduinenfrauen und die Frauen in den abgelegenen Bergregionen. Nur beim Zusammentreffen mit Fremden ziehen sie einen Teil ihres Kopftuchs vor das Gesicht. Dagegen findet die Verwendung des Schleiers in seiner strengsten Ausformung in den Städten statt.

Bei den Frauen gibt es kaum einen Körperteil, der nicht dazu ausersehen ist, Schmuck zu tragen. Den Schmuck, der oft mehrere Kilo wiegt, erhält die Frau als Mitgift, er wird auch von der Mutter auf die Tochter vererbt und ist ihr persönliches Eigentum.
In der islamischen Volksreligiosität kommt dem magisch-religiös bedingten Schmuck bei allen Gesellschaftsgruppen eine besondere Bedeutung zu: Amulette und Talismane zur Abwehr von Not und Armut, zum Schutz von Familien, Ernte und Vieh werden von beiden Geschlechtern getragen. Amulette kommen in verschiedener Ausformung vor, sie werden aber immer als Anhänger an Halsketten oder am Gürtel getragen.

Über die Ursprünge des Silberschmucks auf der Arabischen Halbinsel gibt es wenige wissenschaftliche Untersuchungen. Alte Schmuckobjekte sind selten, weil sie immer wieder eingeschmolzen wurden, um daraus neue Geschmeide herzustellen. Überall im islamischen Orient findet man Schmuckstücke aus Silber, die oft große stilistische Ähnlichkeiten mit Beispielen vorislamischer Kulturen aufweisen.
Obwohl Silber das vom Propheten gesegnete Metall darstellt und Gold als das unglückbringende Metall des Teufels gilt, kaufen arabische Frauen schon seit langem keinen Silberschmuck mehr. Sie bevorzugen maschinell gefertigten Goldschmuck, der aus Italien oder Fernost stammt. Das Silber, das heute noch für die Verarbeitung von Schmuck dient, wird in Form von Barren aus China eingeführt. Jahrhunderte lang wurde das Silber durch Einschmelzen alter Schmuckstücke und Münzen gewonnen. Die wohl bekannteste Münze war der Maria-Theresien-Taler, der das Gesicht der österreichischen Kaiserin zeigt und 1751 erstmals geprägt wurde. Mit dem aufkommenden Handel verbreitete sich die Münze schnell in Europa und innerhalb des osmanischen Reiches; ihr Erfolg beruhte wahrscheinlich auch darauf, dass sie einen konstanten Silbergehalt von mindestens 84 Prozent aufwies. Ab 1783 wurde die Münze hauptsächlich für den Export produziert, besonders für den Handel mit Kaffeebohnen. Um 1900 zirkulierten in den Ländern beiderseits des Roten Meeres „200 Millionen Taler, das sind schätzungsweise sechs Millionen Kilogramm Silber“, wie Werner Daum errechnete. In den nächsten zweieinhalb Jahrhunderten blieb Maria Theresias „Levantiner Taler“ im gesamten Orient ein beliebtes Zahlungsmittel und galt bis zum Zweiten Weltkrieg im damaligen Abessinien als Landeswährung. Sehr begehrt war die österreichische Münze auch als Schmuckstück, das als Anhänger um den Hals getragen wurde. Erst im 20. Jahrhundert, als die Münze in der ganzen Welt nachgeprägt wurde, begann die Nachfrage abzuklingen. Bereits 1928 hatte Saudi-Arabien den Taler außer Kraft gesetzt. In den Basaren des Orients, besonders im Silber-Souk der jemenitischen Hauptstadt Sanaa, ist der Maria-Theresien-Taler immer noch ein beliebtes Souvenir.
Der Grund für den Niedergang der Silberschmuckproduktion in der südwestlichen Ecke der Arabischen Halbinsel hängt auch damit zusammen, dass 1948 die Juden den Jemen verließen und nach Israel auswanderten. Jahrhunderte lang lag die Herstellung von Silberschmuck in den Händen jüdischer Silberschmiede. Nur in der Tihama und im Wadi Hadramaut stellen auch moslemische Handwerker kunstvolle Geschmeide her.

Die wichtigsten Statussymbole jemenitischer Männer sind Waffen: Krummdolch und Kalaschnikow. Bei dem Djambiya, dem südarabischen Krummdolch, kommt es vor allem auf das Material der Dolchscheide und ihre künstlerische Ausführung an, denn sie kennzeichnet die Herkunft und den Rang eines Mannes. Bestimmte Materialien und Ornamente sind den Angehörigen des religiösen Adels vorbehalten.

AUGENBLICKE

In den Städten des Wadi Hadramaut im südlichen Jemen tragen die Frauen in der Öffentlickeit einen schwarzen Umhang und die Burqa, einen maskenartigen Gesichtsschleier aus feinen Musselinstoffen. Über dem Nasenbein verbindet eine Messinghülse das Stirnband mit dem Schleier, der nur Augenschlitze freilässt. Das Oval des Holzfensters lenkt den Blick auf die mit Kohle und schwarzer Pflanzenfarbe geschmückten Augenlider.

SCHLEIER DER WÜSTE

Bevor die Mädchen in die Pubertät kommen, beginnen sie, ihr Gesicht mit einfachen Schleiern zu verbergen. Im Lauf der Jahre fügen sie Silberfäden, alte Münzen und kleine Amulette an ihre Schleier, die dadurch eine persönliche Note erhalten. In der Privatsphäre ihrer Lager tragen die meisten Beduinenfrauen keinen Schleier.

Links: Beduinenmädchen aus der Shabwa-Region mit Baumwollschleier.

Rechts: Bei den Negev-Beduinen trugen früher verheiratete Frauen schwere Münzenbänder vor dem Gesicht, die an einem gewebten Stirnband befestigt waren. Die Anzahl der meist türkischen Münzen symbolisiert den Reichtum und sozialen Status der Frau. Die Gehänge an den Schläfen besitzen magische Funktionen: Die blaue Farbe der Glasperlen schützt vor dem bösen Blick, die Karneole fördern Fruchtbarkeit und die Amberperlen versprechen Gesundheit.

SCHLEIERVARIANTEN

Eine Frau aus den Wahiba Sands, einem Randgebiet der Rub al-Khali in Oman, trägt eine so genannte Schnabelmaske. Ein Karton verstärkt den vorderen Teil des Nasenrückens.

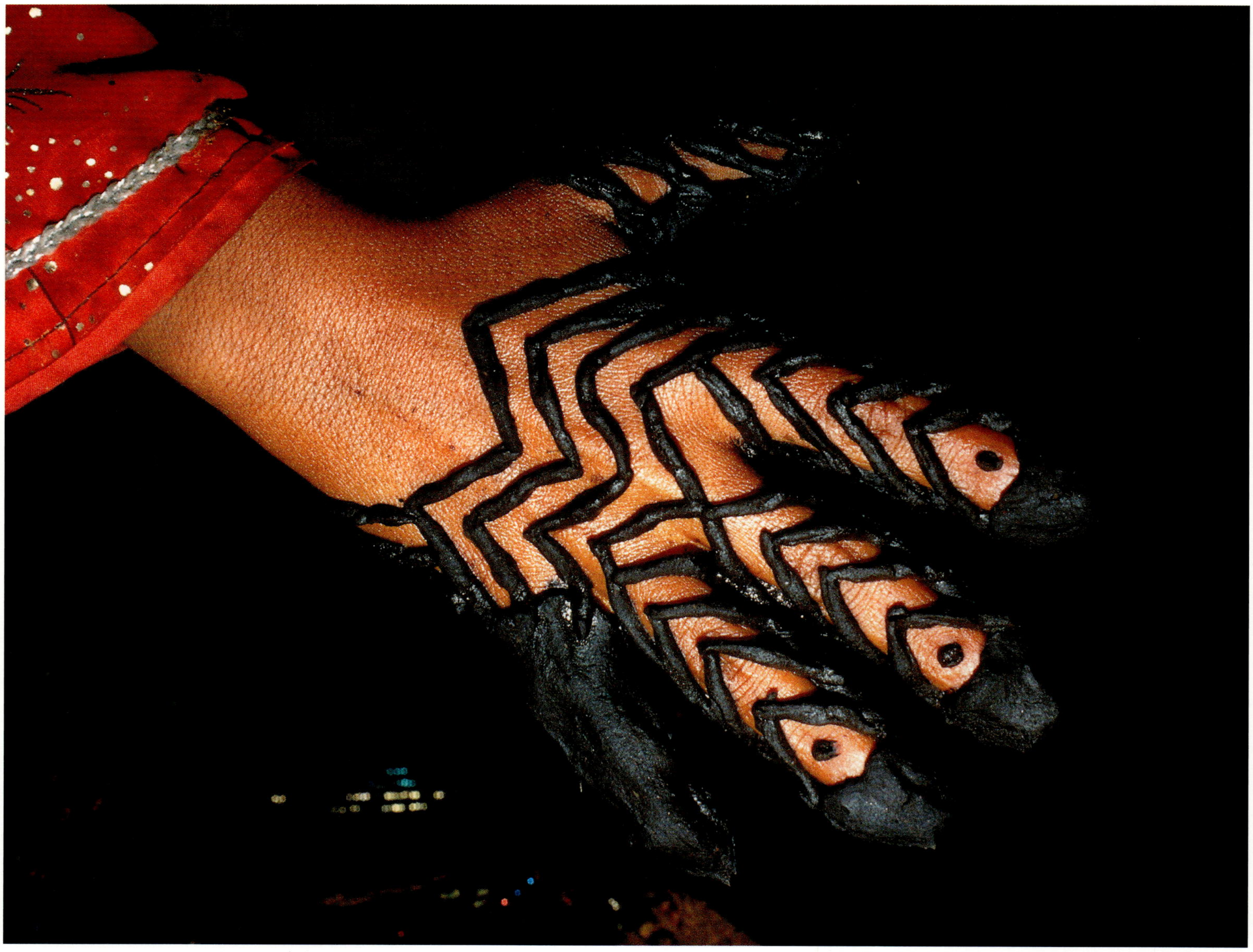

HENNA-HÄNDESCHMUCK

Das Bemalen der Hände beruht im islamischen Orient und in Indien auf uralten Traditionen, die bei religiösen Festen, besonders bei Hochzeitszeremonien, eine große Rolle spielen. Im Jemen repräsentieren die mit Hennapaste aufgetragenen Motive nicht nur sinnlich-ästhetische Ornamente, sondern gelten auch als magische Symbole, die Gesundheit und Fruchtbarkeit fördern. Ausgangsmaterial für die Paste sind die pulverisierten Blätter des Hennastrauches; durch Beimengen anderer pflanzlicher Stoffe oder mineralischer Substanzen können Farbtöne von hellrot bis pechschwarz hergestellt werden.

Die Frauen gehen mit ihrem Dekor auf den Händen sehr vorsichtig um, denn solange die Hochzeitsbemalungen nicht verblasst sind, genießt die Braut für einige Tage eine Schonfrist von ihrer schweren körperlichen Arbeit.
Die floralen Handbemalungen (rechts) stammen aus dem südlichen, die geometrischen, schwarzen Muster (oben) aus dem mittleren Bergjemen.

HADRAMAUT-STIL

Kegelförmige Hüte aus Palmwedeln schützen die Frauen bei der Feldarbeit gegen die sengende Sonne; Wadi Hadramaut.

MÄNNLICHE STATUSSYMBOLE

Der ganze Stolz der Männer im nördlichen Jemen ist der Djambiya, der südarabische Krummdolch. Kein Mann ab dem zwölften Lebensjahr erscheint ohne ihn in der Öffentlichkeit. Er ist weniger Waffe als vielmehr Zeichen der Würde und Ausdruck der Rechtsfähigkeit des freien Mannes.

Links: Diese Männer tragen ihren Djambiya mit stark gekrümmter Scheide genau in der Körpermitte, was sie als Galibi, als freie Stammeskrieger, ausweist.

Oben: Im Basar von Sanaa werden Krummdolche inzwischen als Massenware angeboten. Vielfach werden die Klingen aus Kenia oder Fernost eingeführt. Die Griffe bestehen meist aus den Hörnern von indischen Wasserbüffeln oder von einheimischen Kühen.

STAMMESKRIEGER AUS DEM JEMEN MIT KRUMMDOLCHEN

Das höchste Prestige genießen Dolche, deren Griffe aus dem Horn eines Nashorns geschnitzt wurden. Die Klinge muss aus einem Guss sein. Auch das Material der Dolchscheide weist auf den Status seines Trägers hin.

AMULETTE

Schön gearbeitete Amulettbehälter aus massivem Silber gehören zu den gebräuchlichsten Schmuckstücken im Jemen. Sie werden mittels einer Kette an Hängeösen um den Hals getragen oder am Gürtel befestigt. Viele enthalten Zettel mit Koranversen oder magischen Formeln zur Abwehr von Unheil.
Oben rechts und Mitte: Zylinderförmige Kapseln werden von Männern und Frauen getragen und sind im Hochland des nördlichen Jemens weit verbreitet.

Unten rechts: Diese drei Amulettbehälter heben sich durch ihre untypische Form stark ab. Die zylindrischen Dosen lassen sich nach oben öffnen. Die Deckel sind in der Mitte mit einer Rosette verziert und erinnern an weibliche Brüste. Sie stammen von Beduinenfrauen aus den östlichen Wüstengebieten des Südjemens.

Vorhergehende Doppelseite:

Frauen in der Tihama, dem Küstenstreifen zwischen Rotem Meer und Gebirge, beim Schöpfen von Wasser.

Links: Beduine aus dem nördlichen Sinai mit seinem Wüstenschiff.

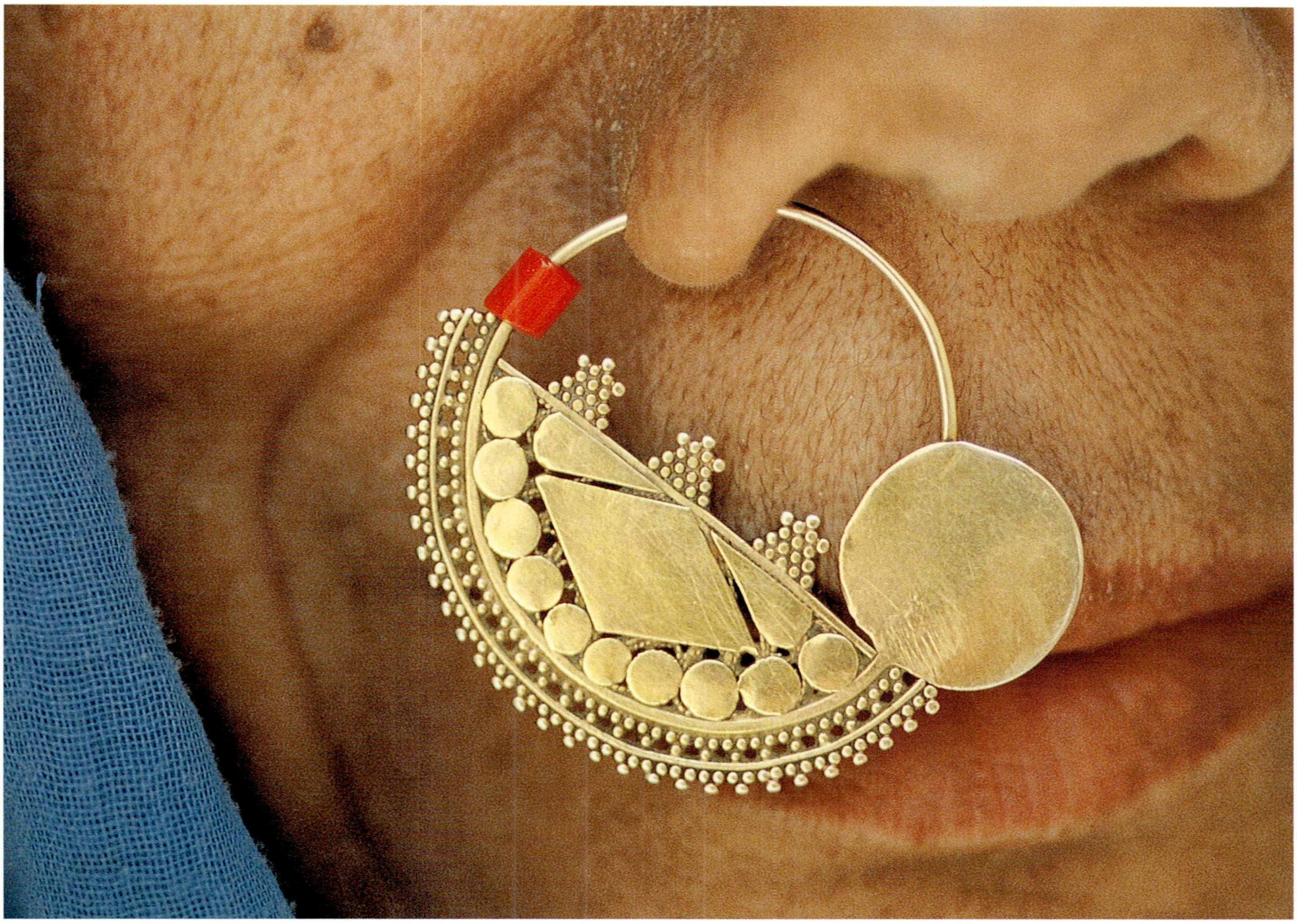

GOLD

Oben: Ein goldener Nasenring, der aus Ägypten stammt, schmückt eine alte Beduinenfrau aus dem Sinai. Goldornamente waren in den antiken Hochkulturen weit verbreitet. Heute hat Gold den Ruf, Unglück zu bringen, Silber hingegen gilt als rein. Silber war das bevorzugte Metall des Propheten, aus dem die meisten Schmuckstücke im islamischen Orient angefertigt wurden.

Links: Das letzte Licht des Tages erhellt eine Ruine in Alt-Marib, unter der die legendäre Stadt der Königin von Saba liegen soll. Die Mondsichel ist ein beliebtes Schmuckmotiv.

Eindrucksvolle Beispiele für den Mondsichelschmuck:
Die Frau links stammt aus dem Sinai, die rechts aus der Negev-Wüste.

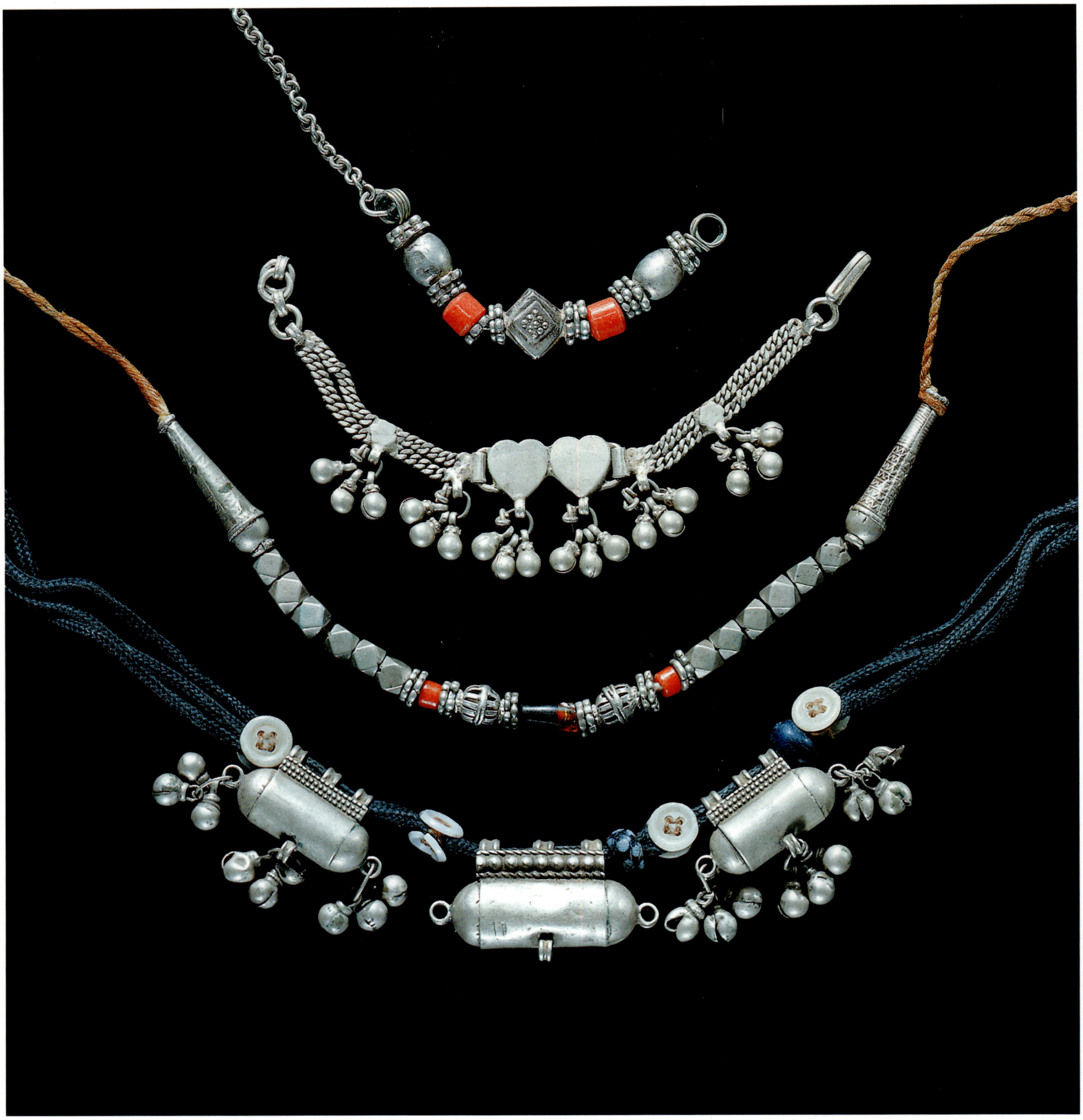

SCHMUCK

Oben: Halsketten und Amulettbehälter für kleine Mädchen aus dem Hadramaut, Südjemen.
Rechts: Frau aus dem Bergjemen mit Hochzeitsschmuck. Die alte Handwerkskunst der jemenitischen Silberschmiede wird hier eindrucksvoll zur Schau gestellt.
Stilistisch überwiegen im Hochlandschmuck filigrane Arbeiten, die ihr Dekor durch Granulieren, Punzieren und feine Applikationen von Draht erhalten.

Oben: Ohrgehänge aus der Gegend von Marib. Der Maria-Theresien-Taler wurde gerne als Anhänger getragen. Erst im 20. Jahrhundert, als die Münze in der ganzen Welt nachgeprägt wurde, begann die Nachfrage abzuklingen.

Rechts: Silberne Hohlkugeln, Kettenglieder, Bärenperlen, geflochtene Silbergürtel sowie filigran besetzte Zwischenstücke sind wichtige Bestandteile der jemenitischen Schmucktradition.

„Jede Zivilisation wird daran gemessen, wie sie mit ihren Minderheiten umgeht!“
Mahatma Gandhi

ADIVASI

DER INDISCHE SUBKONTINENT

Indische Stammesvölker, die nicht zu einer der großen Religionen wie dem Hinduismus, Islam oder Christentum gehören, werden als „Adivasi“ oder „Ureinwohner“ bezeichnet. Unter diesem Hindu-Wort, das wörtlich „die ersten Bewohner“ bedeutet, versammelt man heutzutage eine Vielzahl von Stämmen, die den indischen Subkontinent schon in grauer Vorzeit in Besitz genommen haben: zunächst besiedelt von einer nicht-arischen Bevölkerung, gefolgt von dravidischen Gruppen und letztlich von Angehörigen indogermanischer Sprachgemeinschaften. Indien mit seinen uralten wie auch besonders reich gewachsenen Kulturen und Religionen ist auch ethnisch ein sehr komplexes Gebilde. Viele Ströme fremder Eroberer sind über den Subkontinent hinweggegangen: Indo-Arier kamen aus dem Iran, griechische Fürstentümer breiteten sich bis zum Indus aus, zentralasiatische Reitervölker wie Skythen und Parther errichteten ihre Reiche auf indischem Boden. Aus Hinterindien wanderten Munda sprechende Völker ein. Christen und Juden gelangten an die indische Westküste, bald darauf folgten arabische Seekaufleute. Alle brachten ihre Kunst und Kultur mit.
Im Laufe der Geschichte kam es immer wieder zu Verschmelzungen der in Stammeskulturen wurzelnden Anschauungen mit Vorstellungen der Hindus oder Moslems und umgekehrt. Dieses Phänomen wird besonders deutlich an Beispielen indischer Kunsttraditionen, die eine jahrtausendealte kulturelle Kontinuität aufweisen. So zeigen Darstellungen an den berühmten Steinfiguren von Sanchi und Konarak oder an den Fresken von Ajanta ganz bestimmte Schmuckformen, die heute noch von den Frauen mancher Stämme verwendet werden.
So sehr sich die Adivasi in Sprache, Kultur und Lebensweise unterscheiden, sie weisen doch viele Gemeinsamkeiten auf: sie kennen keine Kasten und glauben nicht an Wiedergeburt, Frauen sind weitgehend gleichberechtigt und können den Ehepartner frei wählen, ein im indischen Alltag sonst undenkbares Privileg, wo Ehen nach islamischem oder hinduistischem Recht immer arrangiert werden. Die meisten Adivasi verzichten auf das System der Mitgiftzahlung, dem viele Familien den finanziellen Ruin verdanken und dem tausende junge Frauen durch Mitgiftmorde zum Opfer gefallen sind.
Adivasi feiern gerne und nehmen jede Gelegenheit wahr, ihre Verwandten, Ahnen und Götter einzuladen. Manchmal werden zu Ehren der Götter Büffel geopfert und nicht selten endet ein Fest mit einem Zechgelage, bei dem Palmwein und selbst gebrannter Schnaps bis zum Morgengrauen in Strömen fließt.

Rabari-Frau mit reichen Tätowierungen.

Diese, so gänzlich im Widerspruch zur Hindu-Gesellschaft stehenden Lebensformen lassen Stammesvölker, die Kuhfleisch essen, alkoholische Getränke genießen und gewisse sexuelle Freiheiten besitzen, in den Augen der indischen Bevölkerung als „unrein" und barbarisch erscheinen.
Im Laufe der Jahrhunderte wurden die Adivasi von der hinduistischen Landbevölkerung in unterschiedlichem Grad assimiliert oder in unwirtliche Dschungel- oder Trockengebiete abgedrängt. Ihre Religion und Lebensweise hat viele Elemente des Hinduismus übernommen und oft verschwimmen die Grenzen zwischen Stammes- und Kastengesellschaft. Häufig wurden sie auf der untersten Stufe in das Kastensystem aufgenommen und fristen ein armseliges Dasein am Rand der nationalen Entwicklung.
Obwohl die Stammesvölker Indiens fast überall um ihr Überleben kämpfen, gibt es neben der von Hinduismus und Islam geprägten indischen Volkskultur noch immer relativ isolierte Enklaven, die von den Hochreligionen nur wenig berührt worden sind. Diese letzten Naturvölker, die dem Druck religiöser Eiferer und aggressiver Fortschrittsapostel standgehalten haben, verehren die Beseeltheit der Natur und huldigen lokalen Gottheiten. Eine wichtige soziale und religiöse Rolle spielen rituelle Praktiker, die als Krankenheiler, Priester oder Schamanen verschiedene Aufgaben erfüllen. Ihre künstlerischen Äußerungen, die sich in Schmuck, Kleidung, Architektur ebenso wie in Musik und Tanz manifestieren, haben fast immer eine rituelle Funktion und sind Gaben für Ahnen und Götter. In Indien, wo die Tradition des Schmückens besonders ausgeprägt ist, kommt dem Stammesschmuck darüber hinaus eine besondere Bedeutung als Symbol ethnischer Identität zu.
Im so genannten „Stammesgürtel", der sich von der Küste des Arabischen Meeres quer durch Zentralindien bis zum Golf von Bengalen erstreckt, siedeln die Bhil, Gond und Santal. Als Kleinbauern ringen sie dem kargen Boden ihre Existenzgrundlage ab oder müssen – heutzutage in immer größerem Ausmaß – als besitzlose Landarbeiter ihr Auskommen finden.
In den schwer zugänglichen Gebirgsketten der östlichen Ghats von Orissa leben die verschiedenen Gruppen der Kondh. Ihre Existenzgrundlage ist der Brandrodungsfeldbau und gelegentlich noch die Jagd, sofern Überbevölkerung und Kahlschlag das Wild nicht schon längst aus dem Bergland vertrieben haben. Wenn der Boden nach einigen Ernten erschöpft ist, muss ein neues Waldstück gerodet und abgebrannt werden, wobei die Asche als Dünger wirkt. Die benachbarten Bondo, Gadaba und Saora haben sich, mit unterschiedlichem Erfolg, von der Außenwelt abgesondert. Eine wichtige soziale Institution bildeten bei diesen Stämmen so genannte Jugendschlafhäuser, die es früher in jedem Dorf gegeben hat. Jungen und Mädchen konnten sich hier zum lockeren Stelldichein treffen, um zu tanzen, zu singen und erste sexuelle Erfahrungen für das spätere Eheleben zu sammeln.
Der vielleicht spektakulärste Stamm Indiens ist unter dem Namen Bondo weithin bekannt. Bondo heißt „die Nackten"; diesen Namen bekamen sie von den Hindus in den Ebenen, die an dem in den dschungelbewachsenen Hügeln lebendem Völkchen kein gutes Haar lassen: sie verachten sie und fürchten sich vor ihnen. Die Bondo-Männer gelten als streitsüchtige Trunkenbolde und berüchtigte Bogenschützen. Sie selbst nennen sich „Remo", was soviel wie „Mensch" bedeutet, und sie sprechen Munda, eine komplizierte austro-asiatische Sprache. Die indische Regierung hat ihr Siedlungsgebiet zum Sperrgebiet erklärt.

In den so genannten Bondo Hills von Orissa leben weniger als 5.000 Stammesangehörige in 32 Dörfern. Wahrscheinlich haben sie es ihrem Ruf als ‚unberechenbare Wilde" zu verdanken, dass sie bisher ihre Unabhängigkeit weitgehend bewahren und sich einer Vereinnahmung durch die dominierende Hindukultur widersetzen konnten.
Die Bondo haben nur wenig materiellen Besitz; umso auffallender ist das Schmuckbedürfnis der Frauen, die sich durch Sanftheit und Anmut auszeichnen. Nach einer mythischen Überlieferung verbietet ihnen ein Gesetz, sich das Haar wachsen zu lassen und andere Kleidung als ein selbst gewebtes Lendenschürzchen zu tragen. Dafür schmücken sie sich mit verschiedenem Zierrat, der die Kleidung ersetzt: mehrere Ringe aus Messing oder Aluminium türmen sich am Hals und prächtige Halsketten aus bunten Perlen bedecken den nackten Oberkörper bis zur Hüfte. Dazu tragen sie noch Armreifen, Fingerringe oder Gürtel. Metallschmuck und Glasperlen werden gekauft und zu Ketten zusammengesetzt. Es scheint, dass die Frauen jede Rupie in Schmuck investieren.
Nur wenige Stammensgruppen stellen, obwohl wirtschaftlich autark, materielle Kulturgüter selbst her. Schmuck, Stoffe, Kleidung oder Gegenstände des täglichen Bedarfs kaufen sie auf Märkten oder von bestimmten Handwerkerkasten, wie Töpfern, Schmieden oder Metallgießern. In manchen Gegenden leben die Kondh seit Jahrhunderten mit bestimmten Kasten, die als „Scheduled Castes" bekannt sind, in einer regelrechten Symbiose zusammen. So stellen die Ghasia, Angehörige einer niedrigen Metallgießer-Kaste, im Auftrag der Kondh Schmuck, Kultobjekte und Bronzefiguren her, die früher niemals als Handelsware auf die Märkte gelangten.
Die Kondh verehren Bronzen, die als Votivgaben für die Götter rituelle Bedeutung besitzen. Es gibt figürliche Darstellungen von Mann und Frau, stilisierte Tierfiguren und viele andere Motivgruppen, deren Ursprung immer im magisch-religiösen Weltbild wurzelt. Die als „Dokhra" bezeichneten Bronzen dienten als Stammesembleme, waren Teil der Aussteuer der Braut und wurden früher auch bei Menschenopfern verwendet. Charakteristisch für die Bronzen ist ihre netzartige Oberflächenstruktur, die durch die so genannte Wachsfadentechnik entsteht.
Neben dem Körperschmuck zählt der künstlerische Hausschmuck zu den stärksten Ausdrucksformen indischer Stammeskunst. In den Vorstellungen der Adivasi ist das Haus nicht nur ein Ort, der Schutz vor den Unbilden der Natur bietet, sondern beherbergt oft ein heiliges, magisches Zentrum, das besonders geschmückt wird. Von dem alten Monumentalstil, der sich früher bis weit nach Südostasien erstreckt hatte, sind allerdings nur einige wenige Reste übriggeblieben. Geschnitzte Holzkonstruktionen finden sich noch vereinzelt in Kulthäusern der Juang oder Kondh.
Das charakteristische Merkmal des künstlerischen Schaffens bezieht sich vor allem auf die traditionelle Lehmarchitektur. Kultische Lehmreliefs und symbolische Wandmalereien sollen nicht nur schmücken, sondern magische Kräfte zum Wohl der Hausbewohner freisetzen. Zur farblichen Gestaltung von Lehmwänden werden aus Erd- oder Pflanzenfarbstoffen rötliches Ocker, Schwarz, Weiß und helles Gelb gewonnen. Neben einer mehr dekorativen Wandmalerei, die großflächig und geometrisch orientiert ist, werden in der Bildkunst zentralindischer Stämme Menschen oft abstrakt und linear dargestellt, Pflanzen und Tiere dagegen naturalistisch. Der rituelle Charakter von Wandmalereien kommt am deutlichsten in den Piktogrammen der Saora zu Tage, die im Süden von

Dokhra-Figuren der Kondh:
Oben: Der Tiger spielt als mythologisches Raubtier eine wichtige Rolle.

Unten: Die Kreuzesdarstellung Christi als Beispiel für Akkulturationserscheinungen.

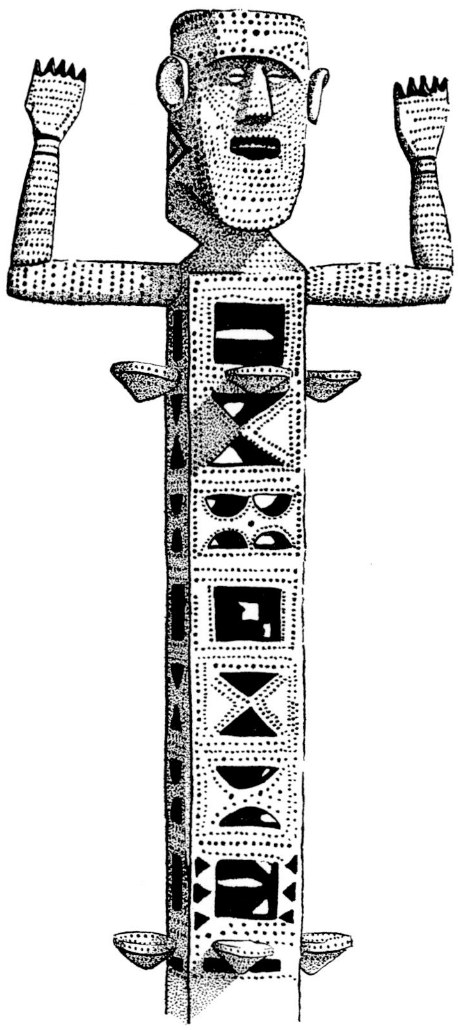

Hochzeitssäule der Gond, Ostindien.

Orissa leben. Wahrscheinlich auch deswegen, weil es über diesen Stamm eine exzellente Dokumentation gibt, in der Verrier Elwin bereits im Jahre 1951 auf das hohe Niveau dieser Stammesmalerei aufmerksam macht.
Die als „Ittal" bezeichneten Piktogramme werden zur Verehrung von Ahnen, Schutzgeistern oder Göttern angefertigt. Die Saora gehen davon aus, dass durch Wandbilder Unglück abgewendet und Fruchtbarkeit gefördert werden kann. Im Traum erhält ein Saora die Aufforderung, die Welt der Geister in einem Bild festzuhalten, um einen erbosten Geist zu besänftigen. Mit weißer Farbe, einer Mischung aus Reismehl und Wasser, wird die rotbraune Lehmwand von einem auserwählten Künstler, der seine Motive und Szenerien ebenfalls im Traum erfährt, bemalt. Ein Schamane begutachtet das Bildwerk und übergibt es im Rahmen einer Zeremonie an einen Schutzgeist. Nach der Weihung gilt das ritualisierte Diagramm als Wohnstätte oder Kultplatz für einen hilfreichen Geist, der mit Opfergaben verehrt wird.

Eine Sonderstellung auf der ethnologischen Landkarte nehmen verschiedene interessante Volksgruppen ein, die im nordwestlichen Gebiet des indischen Subkontinents leben. Diese landschaftlich so vielfältige Region, die sich vom Arabischen Meer bis zum Fuße des Himalayas erstreckt, ist schon seit altersher die Heimat von Bauern, Handwerkern, Händlern und von Viehhirten, die auf der Suche nach Weideland mit ihren Herden umherziehen.
Von großer Bedeutung in dieser Region waren die alten Karawanenwege, die von der Ganges-Ebene in den Sindh und vom Norden durch die Einöden der Wüste Thar zu den Hafenstädten von Gujarat verliefen. Zwischen Kaufleuten und Handwerkern entwickelten sich nicht nur Handelsbeziehungen, es fand auch ein Austausch an Ideen und Wissen statt. Von der Küste Gujarats wurden Handelsgüter mit arabischen Dhaus auf dem Seeweg weitertransportiert. Dabei gelangten auch indische Schmuckformen und Bearbeitungstechniken nach Südarabien und an die ostafrikanische Küste. Diese Einflüsse kann man nicht nur im Schmuckwesen, sondern auch an der Ornamentik der prächtigen geschnitzten Holztore im Oman und Jemen oder auf der Insel Lamu bewundern.
Wie in alten Zeiten durchstreifen auch heute noch die Rabari, hinduistische Viehzüchter, mit ihren Herden die weitläufigen Buschregionen und Wüstensteppen zwischen Gujarat und Rajasthan. Während der Trockenzeit bis zum Einsetzen des Monsuns wird es immer schwieriger, genügend Weideplätze zu finden, da ihre angestammten Gebiete durch die Ausbreitung der Bevölkerung eingeengt werden. Außerdem erschweren Grundbesitzer das Leben der Wanderhirten vor allem dadurch, dass sie ihre Ländereien immer öfter mit Zäunen eingrenzen. Ursprünglich eine Kaste von Kamelzüchtern, besitzen die Rabari heutzutage nur noch wenige Kamele und haben sich auf die Schaf- und Ziegenzucht spezialisiert. Durch den Verkauf von Milchprodukten, Fleisch, Wolle und Dung zum Heizen können sie ihr Überleben sichern.
Viele von ihnen bewohnen auch feste Siedlungen, betreiben Ackerbau und Handwerk, das sich besonders auf der Halbinsel Kutch erhalten hat. Diese Region im Grenzgebiet von Gujarat und Pakistan ist während der Regenzeit von der Außenwelt abgeschnitten, manche Dörfer werden für Monate zu regelrechten Inseln. In dieser Region, wo Kasten-Hindus und moslemische Viehzüchter harmonisch miteinander auskommen, haben sich einzigartige Kunsttraditionen bewahrt. Berühmt sind die vielfältigen textilen Techniken wie Stempeldruck,

Stickereien oder Applikationen, die nicht nur Stoffe, sondern auch die Wände der Behausungen verzieren.
Eine andere interessante ethnische Gruppe bilden die Bishnoi, eine Religionsgemeinschaft, deren Glaube den schonenden Umgang mit den Ressourcen der Natur gebietet. Sie leben weit verstreut in der Wüste Thar und haben Strategien entwickelt, die ein Überleben in dieser extremen Dürreregion ermöglichen. So ist es ihnen verboten, Schafe und Ziegen zu halten, die das Land kahl fressen würden. Außerdem besitzen sie nur kleine Rinderherden, um Überweidung zu vermeiden.
Die Banjara, die heute vornehmlich als Hilfskräfte beim Straßenbau eingesetzt werden, sind ursprünglich ein nomadischer Stamm, von dessen Vorfahren die Zigeuner abstammen, die im späten Mittelalter bis zum Mittelmeerraum vorgedrungen waren. Die Frauen der Banjara fallen überall sofort auf, weil sie auch im Alltag und selbst bei schwerer Arbeit stets ihre prächtig bestickten Kleider, ihre Elfenbeinarmbänder und ihren schweren Silberschmuck tragen.
Auch viele der nomadisierenden Viehzüchter und Hirtenvölker, die sich zum Islam oder Hinduismus bekennen, weisen stammestypische Merkmale auf und haben eigene Lebensweisen und Bräuche bewahrt. Mit ihren bunten Gewändern und reichem Silberschmuck prägen sie nach wie vor das Bild der Viehmärkte und Festveranstaltungen im nordwestlichen Indien.

Ittal-Piktogramm der Saora.

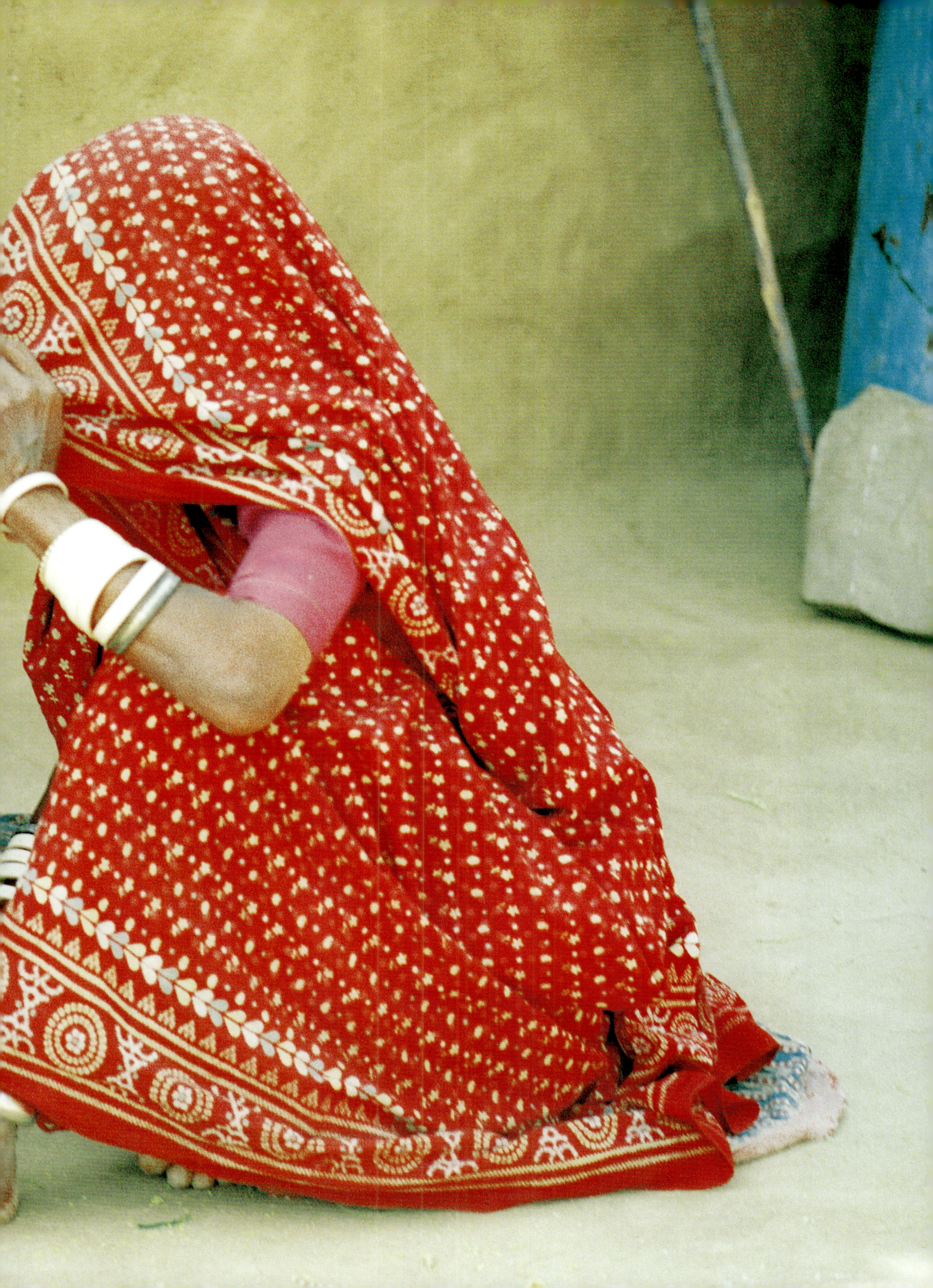

ISLAMISCHES ERBE

Das Schmücken der Nase mit verschiedenem Zierrat war ursprünglich in Indien nicht gebräuchlich; dieser Brauch geht wahrscheinlich auf islamische Einflüsse zurück. Das älteste Bilddokument, das die Verwendung von Nasenschmuck zeigt, findet sich auf einer Miniaturmalerei aus der Moghulzeit. Inzwischen ist diese Schmucktradition unter allen Bevölkerungsgruppen verbreitet und gilt als fester Bestandteil indischen Hochzeitsschmucks. So wie Ohrringe haben auch Nasenringe die Aufgabe, den Körper vor dem Eindringen böser Kräfte zu schützen.

Oben: Bishnoi-Frau aus dem südlichen Rajasthan mit fein gearbeitetem, goldenem Nasenring in der Form des zunehmenden Mondes. Links: Schwere Nasenringe sind eine Besonderheit der Frauen der Jat, moslemischer Viehzüchter in Gujarat. Der schwere Messingring wird mit einem schwarzen Wollband, an dessen anderem Ende sich als Gegengewicht eine zieselierte Silberplakette befindet, am Kopfhaar verankert und ausbalanciert (hier auf dem Foto zur Demonstration auf dem Kopftuch, da sonst die Aufnahme nicht möglich gewesen wäre).

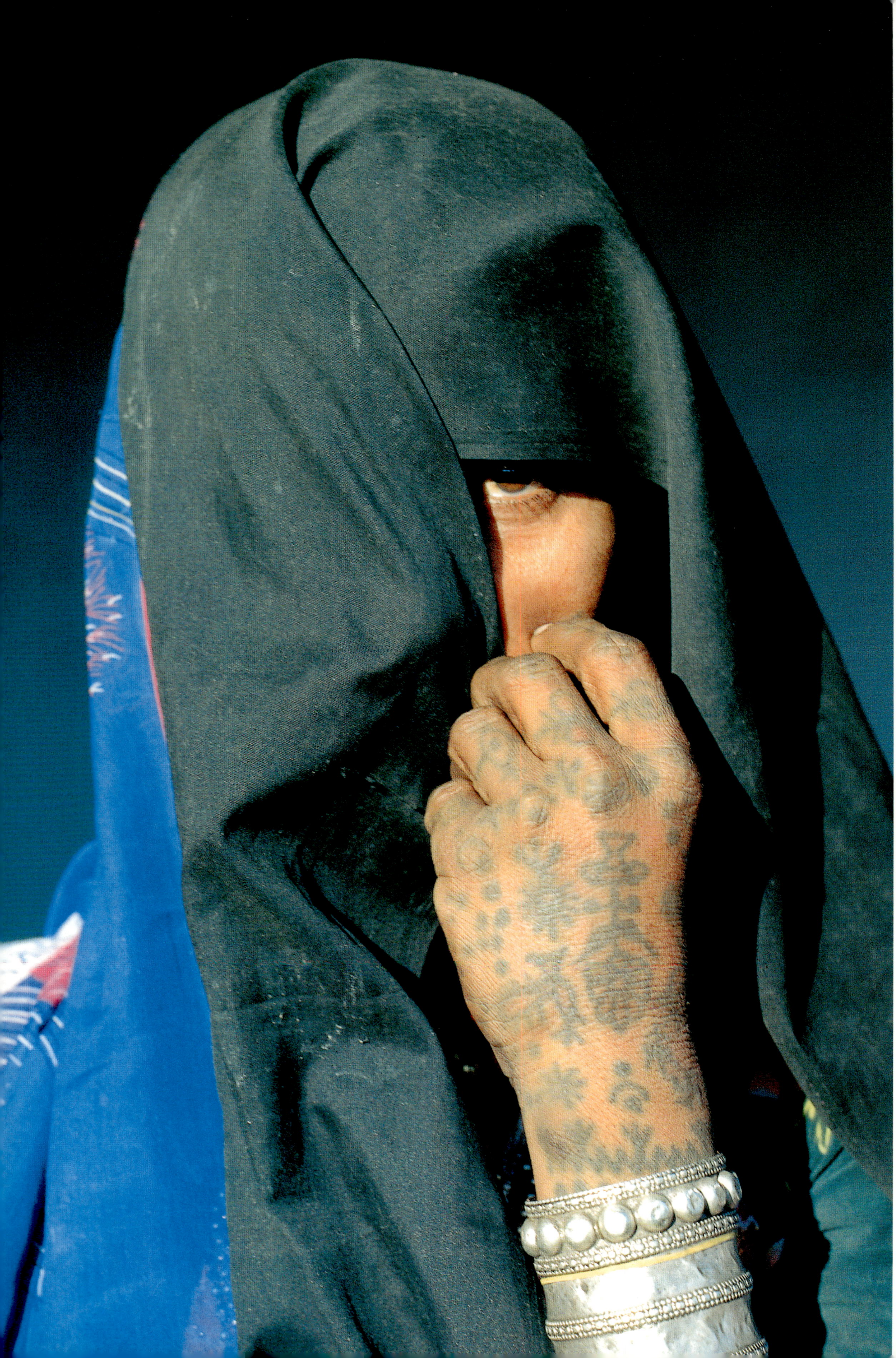

KÖRPERSCHMUCK, DEN NIEMAND NEHMEN KANN

Rabari-Frauen von der Halbinsel Kutch verwenden Tätowierungen an allen sichtbaren Stellen des Körpers. Sie schmücken ihre Hände und Füße, den Hals, das Gesicht und die Brust mit Glück verheißenden Zeichen. So schützt das Swastika, ein uraltes Hindu-Symbol, gegen den bösen Blick und hält Unheil fern. Die traditionellen Muster werden mithilfe einer Nadel und schwarzer Tusche, einer Mischung von Ruß und Pflanzensäften, in die Haut geritzt. Manche Tatoo-Motive kann man auch als Stickereien auf Textilien oder an Wänden von Lehmhäusern wiederfinden.

ARMSCHMUCK

Banjara-Frau mit weißen Plastik-Armreifen, die als Ersatz für den teuren Elfenbeinschmuck den ganzen Arm bedecken. Ursprünglich war dieser Schmuck aus Elfenbein und rötlich eingefärbt. Für die Frauen der Nomaden und Hirtenvölker im nordwestlichen Indien haben Armreifen eine besondere Bedeutung: Sie sind Teil der Mitgift und ihre Anzahl wird bei zeremoniellen Anlässen vorgeschrieben. Nur verheiratete Frauen tragen auch auf dem Oberarm Armreifen. Die magische Wirkung dieser Armreifen soll den bösen Blick abwehren und die Geburt erleichtern.

Unten: Sanduhrförmige Armmanschetten aus Elfenbein, manchmal auch aus Elefantenknochen, sind typisch für Rabari-Frauen von der Halbinsel Kutch. Dieser schwere und wertvolle Armschmuck wurde von den Frauen nie abgenommen, außer beim Tod ihres Mannes.

Nächste Doppelseite: Für eine Hochzeitsfeier haben die Frauen zahlreiche Armreifen angelegt, die aus Elfenbein, Glas, Kunststoff, Silber und Gold sein können. Ein typisches Merkmal indischen Schmucks ist der vielfältige Zierrat am Handrücken und an den Fingern.

OPIUMZEREMONIE

Flüssiges Opium wird aus der offenen Hand eines Freundes genommen. Im nordwestlichen Indien ist die rituelle Einnahme von Opium zu festlichen Anlässen weit verbreitet.

Nächste Seite:
Einmal im Jahr, zur Zeit des Frühlingfestes Holi, bewaffnen sich die Männer mit Schlagstöcken und teilen sich in zwei Gruppen: Die einen, die als „Alkoholiker“ oder „Nicht-Vegetarier“ bezeichnet werden, sollen eine Stadt verteidigen, die anderen, die als „Antialkoholiker“ oder „Vegetarier“ gelten, müssen die befestigte Stadt erobern. Aufgeputscht durch das Opium kann dabei viel Blut fließen.

KINDERHOCHZEIT

Obwohl vom indischen Gesetz verboten, finden Kinderhochzeiten in entlegenen Gegenden, besonders von Angehörigen der Hirten-Kasten, noch immer statt. Nach der Hochzeitsfeier bleiben die Kinder so lange bei ihren Eltern, bis das Mädchen so weit herangewachsen ist, dass es ein Kind bekommen kann. Kinderhochzeiten sind seit vorchristlicher Zeit bekannt und breiteten sich im 11. Jahrhundert über das ganze Land aus. Die Rabari heiraten nur innerhalb ihrer Gruppe und in Familien ein, die nicht weit voneinander entfernt wohnen.

KULTPLÄTZE

Verschiedene Bhil-Stämme verwenden Terrakotta-Figuren als Votivgaben für ihre Götter, Geister oder Ahnen. Die Garasia Bhilala im Grenzgebiet von Gujarat und Rajasthan errichten mitten im Dschungel, auf hohen Bergkuppen oder am Rand einer Felswand unter bestimmten Bäumen, geheime Kultplätze. Ihre Opfergaben sind Darstellungen von Pferden oder Reitern aus Terrakotta, die sie von Angehörigen der lokalen Töpferkasten erwerben. Die Bhil glauben, dass die Tiger, die es in dieser Region tatsächlich noch gibt, als Wächter der Gottheiten und ihrer Votivgaben fungieren.

MITGIFT DER FRAUEN VON KUTCH

Die Bewohnerinnen der Halbinsel Kutch in Gujarat sind berühmt für ihren reichen Silberschmuck und die prächtigen Textilien, die Teil ihres Heiratsschmuckes darstellen. Schon kleine Mädchen beginnen für ihre Aussteuer, die sie im Laufe ihrer Kindheit bekommen, zu sammeln.
Bei der Verlobung werden von der Familie der Braut Nasenringe, Ohrgehänge und Armreifen in Auftrag gegeben, die bei der Hochzeit überreicht werden.

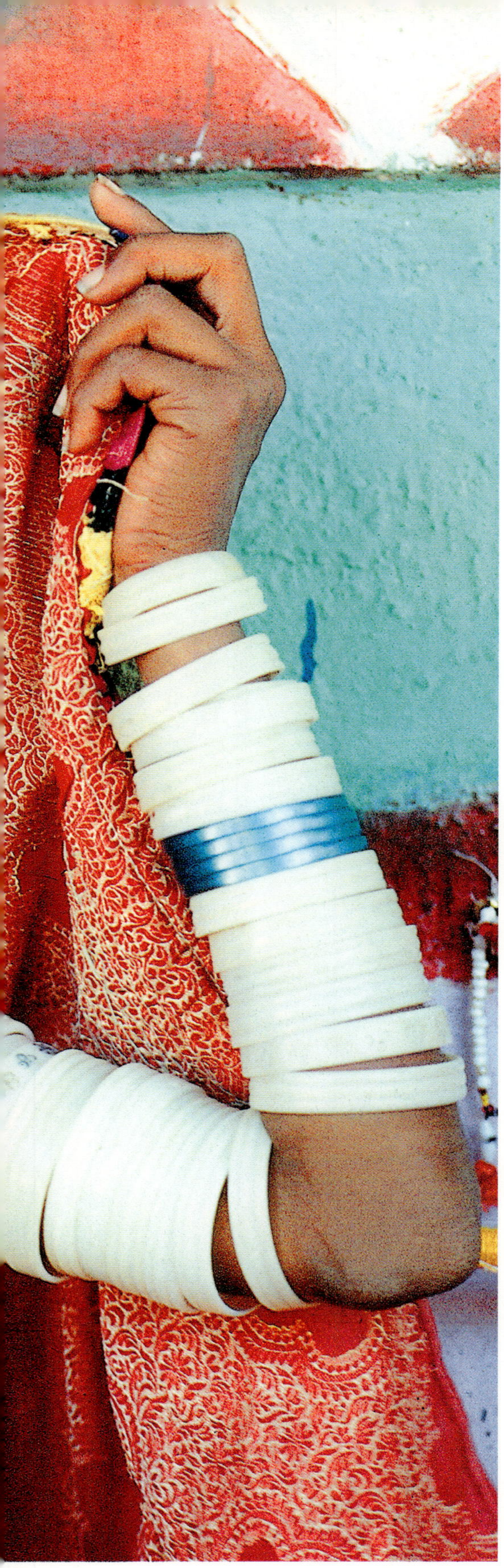

Die Familie des Bräutigams schenkt der Braut ein Paar schwere Silberfußreifen und Armreifen aus Elfenbein. Die Braut trägt die gesamte Aussteuer in großen, bestickten Beuteln, den Kothris, in ihr neues Heim, ins Haus ihres Gatten.

Rechts oben: Feine Stickarbeiten und Applikationstechniken sind die Spezialität der Frauen von Banni, der wüstenartigen Region nördlich von Bhuj.

BHIL-DESIGN

Die Mädchen der Garasia Bhil verwenden noch ihre eigene Tracht und ihren Schmuck. Viele Bhil-Stämme haben bereits die Kleidung und etliche Elemente der dominierenden Hindu-Kultur übernommen.

Die Körperbemalung wird nicht nur bei Menschen, sondern auch bei Tieren angewandt, die Sinnhaftigkeit liegt nicht nur in der Ästhetik, sondern auch in der Abwehr von Unheil. Ein uraltes Motiv sind die Hände, die das Rind (rechts) vor Gefahren bewahren soll. Außerdem stellen die Bemalungen das Besitzzeichen des Inhabers dar, vergleichbar mit dem Brandzeichen in anderen Regionen.

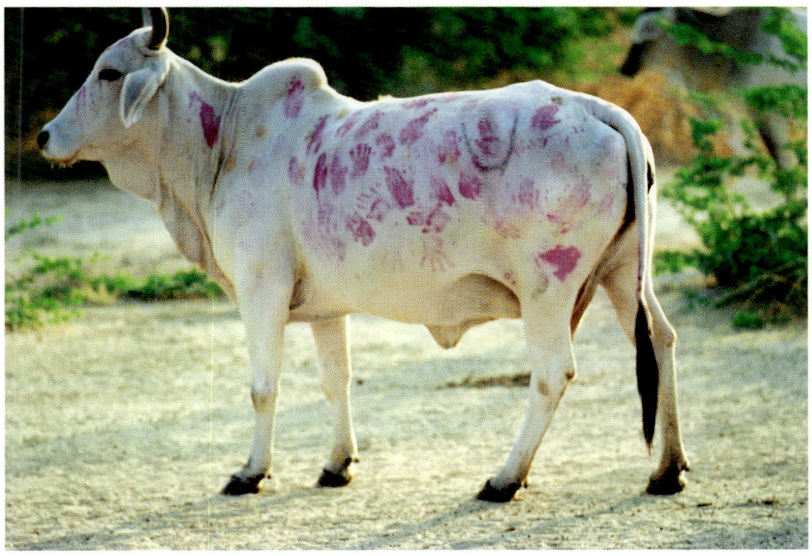

KÜNSTLERINNEN DER WÜSTE

Eine Frau aus der westlichen Thar-Wüste bemalt die Wände ihres Gehöfts. Mehrmals im Jahr, besonders vor dem großen Frühlingsfest oder vor Divali, dem Neujahrsfest der Hindus, entwickeln sich die Wüsten-Frauen Rajasthans zu wahren Künstlerinnen: die alten Ornamente an den Lehmwänden werden mit frischer Farbe restauriert, neue Muster mit geometrischen, Glück bringenden Symbolen werden kreiert, und oft muss der Malgrund, eine Mischung aus Lehm und Kameldung, neu aufgetragen werden.

Links oben: Die Motive sehen aus als ob sie in Kreuzstichtechnik hergestellt worden wären.

Nächste Doppelseite:
Mythologische Motive zieren die Hauswände der Rathwa-Bihilala im Grenzgebiet von Madhya Pradesh und Gujarat.

BONDO

Das Siedlungsgebiet der Bondo wurde von der indischen Regierung zum Sperrgebiet erklärt. Auch den Autoren gelang es nur einmal, in Bondo-Dörfer vorzudringen.
In den so genannten Bondo Hills von Orissa leben weniger als 5.000 Stammesangehörige in 32 Dörfern. Ihrem Ruf als „unberechenbare Wilde“ haben sie es zu verdanken, dass sie bisher ihre Unabhängigkeit weitgehend bewahren konnten. Die Streitsucht der Männer führt immer wieder zu tödlichen Auseinandersetzungen, von denen indische Verwaltungsbeamte atemberaubende Stories zu erzählen wissen. Dadurch konnten sich die Bondo bis jetzt der Vereinnahmung durch die dominierende Hindu-Kultur widersetzen.

SCHMUCKKÖRPER

Die Bondo-Frauen haben ein auffallendes Schmuckbedürfnis. Der Legende nach verbietet ihnen ein mythologisches Gebot, sich das Haar wachsen zu lassen und andere Kleidung als ein selbstgewebtes Lendenschürzchen zu tragen. Dafür schmücken sie sich mit mehreren Ringen aus Messing oder Aluminium und prächtigen Halsketten aus Glasperlen. Diese Ketten bedecken ihren nackten Oberkörper bis zur Hüfte. Dazu tragen sie noch Armreifen, Fingerringe und Gürtel.

STAMMESVARIATIONEN

Einer Legende nach wurden die Bondo-Frauen in mythischer Urzeit dazu verurteilt, sich den Kopf kahl zu rasieren und den Körper, mit Ausnahme eines Schamschurzes, hüllenlos zu halten. Um die Blöße des Oberkörpers zu bedecken, tragen sie bunte Ketten aus Glasperlen, Muscheln oder aus Samenkapseln, die bis zur Hüfte herabhängen. Die Glasperlen kaufen die Frauen mit ihrem eigenen Geld auf den Wochenmärkten, die Baumwollschnüre, auf die sie diese auffädeln, bezahlen die Männer.

Anmutig balancieren Bondo-Frauen ihre Waren, geflochtene Bastmatten, Waldfrüchte, Bohnen oder Ölsamen, auf dem Kopf zum Markt. Sie tragen Arm- und Halsringe aus Messing und Aluminium, der kahl geschorene Kopf ist mit Glasperlenschnüren bandagiert.

Gadaba-Frauen erhalten zur Hochzeit dicke Halsringe aus Aluminium, die sie ihr ganzes Leben nicht mehr ablegen. Silberne Armringe und große Ohrreifen aus Kupferdraht vervollkommnen ihren Zierrat.

PFLÖCKE, SCHEIBEN, DRAHT

Im Gegensatz zum Nasenschmuck kann die Verwendung von Ohrschmuck schon im indischen Altertum nachgewiesen werden, wie viele der erhaltenen Statuen und Steinreliefs beweisen. Diese alte Schmucktradition wirkt bei manchen Stämmen in abgewandelter Form bis heute nach.

Oben: Ohrschmuck der Gadaba-Frauen mit ihren charakterischen Reifen aus spiralförmigem Kupferdraht, die sie sich durch die Ohren ziehen.

Links oben: Eine Frau der Dongaria Kondh aus den östlichen Ghatbergen mit Nasen- und Ohrschmuck. Die Miniaturausgabe eines Zeremonialmessers für Büffelopfer und ein Spiralornament in Gestalt einer Schere bilden den originellen Haarschmuck.

Links unten: Frau der Lanja Saora mit Gesichtstätowierung und großen Ohrscheiben aus Holz. Die Nase und der obere Ohrbereich sind mit goldenen Ringen und Kettchen geschmückt.

PIERCING

Bei vielen Stämmen in Orissa werden Nasen- und Ohrenbereiche mit Metallringen gesäumt. Dieser Brauch dient nicht nur der Verschönerung, sondern ist auch ein Schutz gegen böse Geister, die durch die Körperöffnungen eindringen könnten.
Oben: Mädchen der Didaya mit goldenem Nasenschmuck.

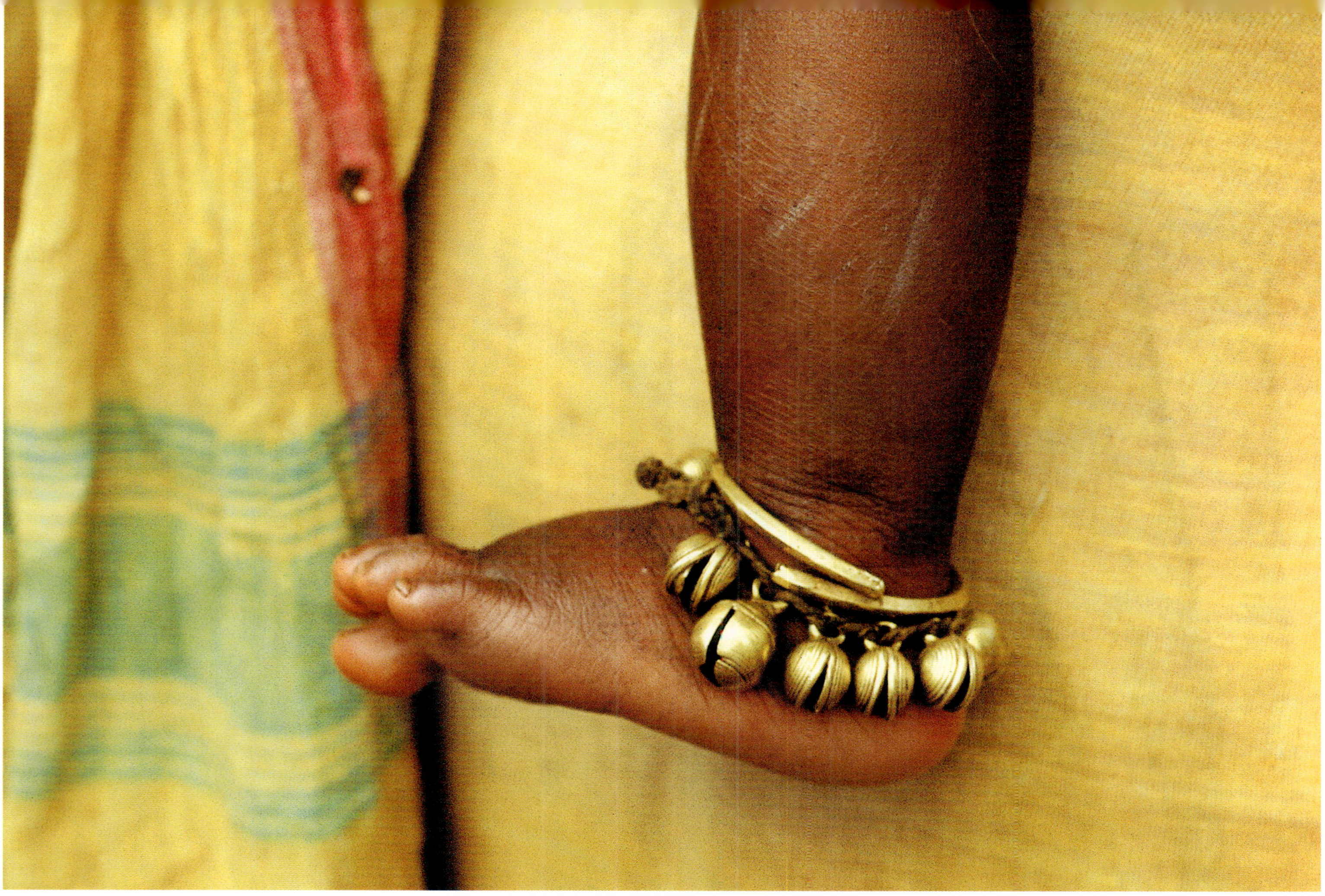

Oben: Die Bronzeschellen am Fußgelenk sollen durch ihren Klang die bösen Geister fernhalten.

Links: Bei den Dongaria Kondh werden den Mädchen schon im Babyalter Nasen und Ohren durchstochen und im Stil der Mütter mit Messingringen geschmückt.

IDENTITÄTSMERKMALE

Kondh-Frauen (oben und rechts unten) mit Gesichtstätowierung. Konzentrische, kreisförmige Motive am Kinn symbolieren die Barthaare des Tigers. Bei einigen Untergruppen schmücken sich auch die jungen Männer (rechts oben).

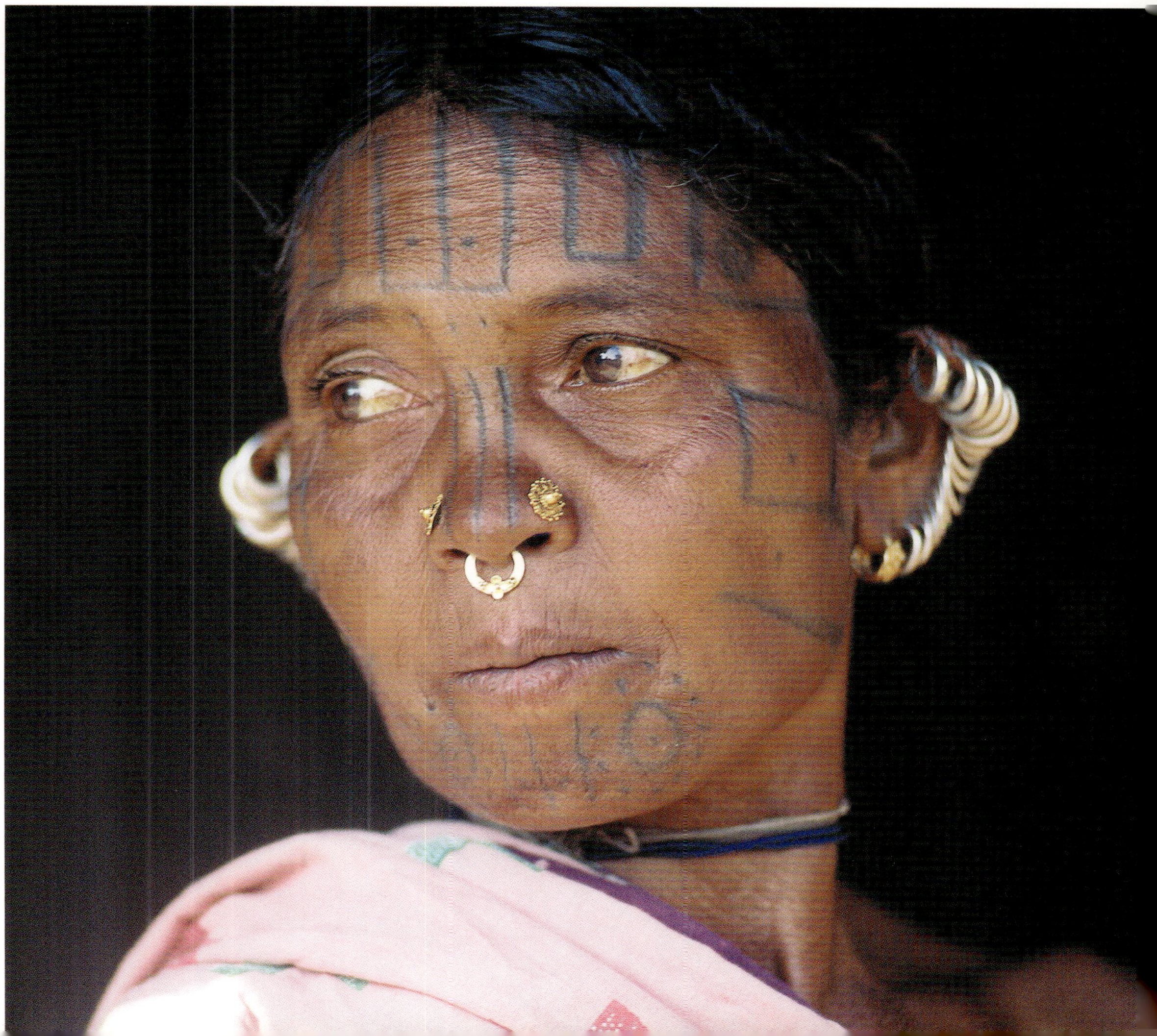

RELIKTE DER MONUMENTALSCHNITZEREI

Dieses zeremonielle Architekturelement in einem abgelegenen Dorf der Dongaria Kondh ist einer männlichen Gottheit geweiht und erinnert an die frühen monumentalen buddhistischen Eingangstore aus dem ersten Jahrhundert vor Christus. An den geschnitzten Opferpfahl der Kuttia Kondh werden die Büffel für die rituelle Schlachtung festgebunden (rechts).

DSCHUNGELBEWOHNER

Eine kleine Gruppe der Dharuva Gond gehört zu den letzten Jägern und Sammlern, die im indischen Dschungel überleben konnten. Abholzungen und Industrialisierung schränken ihre Bewegungsfreiheit immer mehr ein.

KAURISCHMUCK

Die Koya, Viehzüchter im Grenzgebiet von Orissa und Madhya Pradesh, tragen einen festlichen Kopfschmuck aus aufpolierten Büffelhörnern und einen Schleier aus Schnüren von Kaurischnecken vor dem Gesicht, der gegen den bösen Blick schützen soll.

Nächste Doppelseite:
Einmal in der Woche verlassen die Frauen der Dongaria Kondh ihre Dörfer, die auf den Bergkuppen im Dschungel versteckt liegen, um den Markt in Chatikona im Koraput-Distrikt zu besuchen. Alle tragen noch die traditionelle Kleidung und den Schmuck.

„In den wenigsten Nagadörfern hat sich das Christentum schon ganz durchgesetzt. Auch gab es viele, die sich weigerten, ihrer alten Religion abzuschwören. Doch ihre Kraft war durch die Lahmlegung der Dorforganisation, in der ein Rad in das andere gegriffen hatte, so geschwächt, dass sie die alten Einrichtungen, wie die Männerhäuser nicht mehr voll aufrechterhalten konnten. Erstaunlicherweise zeigen die Männer des alten Glaubens den Baptisten gegenüber viel mehr Toleranz als diese gegen sie."

Christoph von Fürer-Haimendorf, Die nackten Nagas, 1939

ZWISCHENINDIEN

TIBETO-BURMANISCHE VÖLKER

Die wilden Vorberge des östlichen Himalayas, die sich zwischen Tibet und Burma erstrecken, waren lange Zeit verbotenes Terrain und bilden noch heute eine letzte geheimnisvolle Enklave im Herzen des asiatischen Kontinents. Dieses riesige Gebiet im äußersten Nordosten von Indien war früher unter dem Namen NEFA (North-East Frontier Agency) bekannt. Es gleicht, wie Herbert Tichy es einmal ausdrückte, einem „gewaltigen Hufeisen, das den Brahmaputra umspannt". Diese oft umstrittenen Landstriche bilden eine lange Grenze zu Tibet und China sowie zu Burma und Bangladesch und sind militärisches Sperrgebiet, das nur durch einen 20 Kilometer breiten Korridor vom indischen Subkontinent aus zugänglich ist.

Diese ferne Ecke unseres Planeten gelangte 1959 in die Schlagzeilen der Weltpresse als der Dalai Lama auf seiner Flucht aus Lhasa in die Provinz Arunachal Pradesh kam, die im Norden an Tibet und China grenzt, wo er im Kloster Tawang Unterschlupf fand. 1962 überschritten chinesische Soldaten die Nordgrenze und eine Invasion schien bevorzustehen. Danach wurde dieses Gebiet aus strategischen Gründen zur Sperrzone erklärt und durfte selbst von Einheimischen nicht betreten werden. So war Arunachal Pradesh eines der wenigen Gebiete im ehemaligen NEFA-Gebiet von British India, wo selbst Missionare – im Gegensatz zum Nagaland und Mizoram – nicht einreisen durften. Erst vor kurzem erfüllte sich ein alter Traum, als uns die indische Regierung die Erlaubnis erteilte, einige dieser Stammesregionen besuchen zu dürfen.

In dieser Bergregion leben, isoliert vom Rest der Welt, zahlreiche, kleine Bergvölker tibetobirmanischer Sprachzugehörigkeit, die durch Jahrhunderte ihre traditionellen Lebensformen bewahrt haben. Sie haben wenig oder gar nichts gemein mit den Indo-Ariern des Mutterlandes oder den Indern der Ebenen. Ihre Sprache und mündlichen Überlieferungen weisen in vielen Fällen auf eine gemeinsame Herkunft aus den nordbirmesischen Grenzgebieten hin. Die Bewohner eines Tales können sich oft mit ihren Nachbarn nicht verständigen, obwohl diese nur einen Flintenschuss entfernt leben. Einige sind Buddhisten, die meisten haben ihre animistische Religion beibehalten.

Naga aus Burma in vollem Ornat.

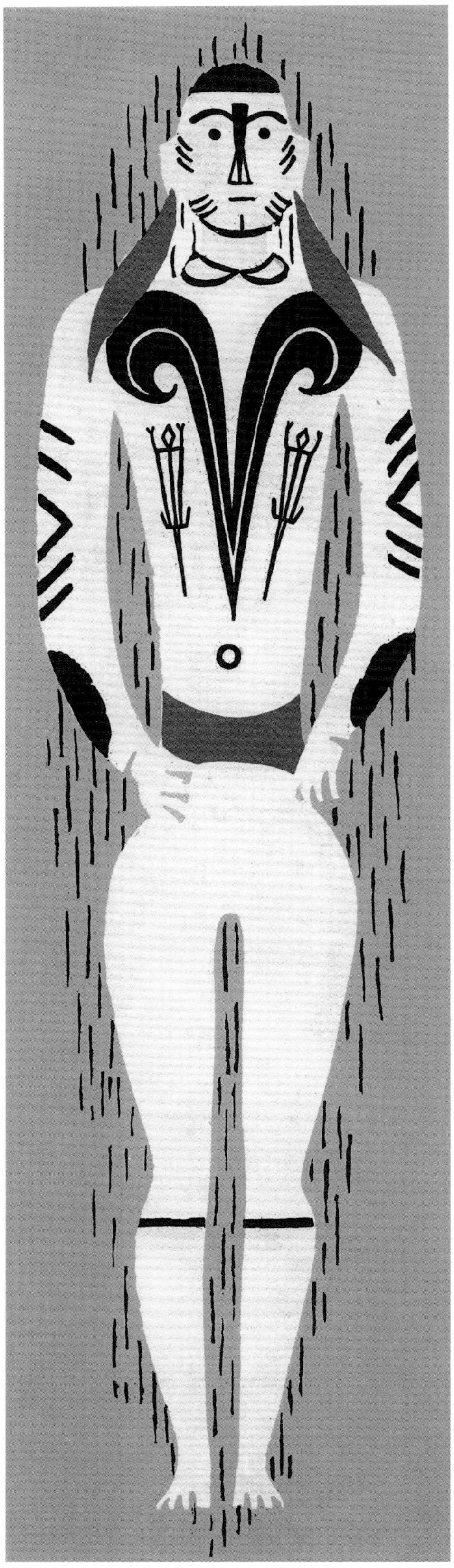

Darstellung eines geschmückten Naga-Kriegers.

Trotz aller Unterschiede weisen die Stammesgruppen viele Gemeinsamkeiten auf: Sie betreiben Brandrodungsfeldbau, terrassieren steile Berghänge, um Reis, Mais und Hirse anzubauen. Andere, wie die Apatani, sind geschickte Bauern und züchten Rinder. Sie leben in einem Hochtal von Arunachal Pradesh in einem Gebiet, das im Regenschatten mit wenig Niederschlägen liegt. Sie haben deswegen Bewässerungsfelder für den Reisanbau angelegt.

Die Bergstämme waren berühmt und berüchtigt für ihren Kampfgeist und viele huldigten der Kopfjagd, die Teil eines Fruchtbarkeitskultes war. Dazu gehörten vor allem die Nagastämme, die im Grenzgebiet von Assam und Burma leben. Ihre Bergdörfer, die stets unter der Grenze von 2000 Metern bleiben, liegen in dem Gebirge, das sich zwischen der Ebene des Brahmaputra und dem Flusstal des Chindwin erstreckt. Sie gliedern sich in zahlreiche Untergruppen mit eigenen Sprachen und unterscheiden sich durch unverwechselbaren Kopf- und Körperschmuck. Ihre künstlerischen Aktivitäten und Ausdrucksformen hängen vor allem mit der Kopfjagd und den damit verbundenen magisch-religiösen Vorstellungen zusammen. Die Darstellungen der menschlichen Figur betonen die Wiedergabe des Kopfes, der als Sitz magischer Kräfte die Fruchtbarkeit von Mensch, Tier und Feldern fördern kann. Nur ein erfolgreicher Kopfjäger war berechtigt, bestimmte Symbole zu verwenden; die Anzahl der erbeuteten Schädeltrophäen bestimmte seinen sozialen Status.

Eine zentrale Rolle spielten so genannte Männer- oder Junggesellenhäuser, die als „Morung“ bekannt waren. Sie standen in der Mitte eines Dorfes und galten als eine Art Ausbildungszentrum für junge Männer. Diese Institution diente mit Schlafstätten für unverheiratete Männer und Frauen auch dazu, sexuelle Erfahrungen zu sammeln. Die Abhaltung von Verdienstfesten war ein weiteres charakteristisches Merkmal der Naga-Kultur: Durch rituelle Opferung von Mithan-Büffeln, einer Mischung von Yak und Kuh, und durch die Verteilung von Fleisch an die Dorfbewohner konnte persönliches Prestige gewonnen werden. Giebelverzierungen an den Wohnhäusern oder die Errichtung von Steinsetzungen erinnern an diese Feste. Bei manchen Stämmen war dieses Verdienstwesen besonders ausgeprägt. Das führte zum Abschlachten ganzer Herden von Mithans und zur feierlichen Zerstörung wertvoller Kultobjekte wie tibetischer Glocken, Bronzeplatten und Schwerter, um sich gegenseitig auszustechen. Dabei wurden persönliche Reichtümer dezimiert und die Güter an die übrigen Dorfbewohner verteilt.

Während der britischen Kolonialzeit kam es immer wieder zu Scharmützel zwischen Engländern und rebellischen, ethnischen Gruppen. Auf ihren Raubzügen drangen die Bergvölker häufig bis in die Tieflandebenen von Assam vor, was Strafexpeditionen der Kolonialtruppen zur Folge hatte. Besonders die Nagastämme lieferten den Engländern einen hartnäckigen Guerilla-Krieg und machten ganze Expeditionen nieder. Daraufhin beschloss die englische Kolonialregierung, die Bergvölker weitgehend in Ruhe zu lassen, sofern diese auf Überfälle und Kopfjagd verzichteten. Durch ihre Entschlossenheit, sich gegen Bevormundung und Kontrollversuche von außen zur Wehr zu setzen, gerieten die Naga im Zweiten Weltkrieg immer wieder in die Schusslinie zwischen britischen und japanischen Streitkräften. Selbst nach der Unabhängigkeit Indiens dauerten die Konflikte an. 1955 rebellierten die Naga und forderten einen eigenen, unabhängigen Staat oder zumindest mehr Autonomierechte. Dies führte in der Folge zu einem langwierigen Dschungelkrieg, der von einer kleinen, militanten Minder-

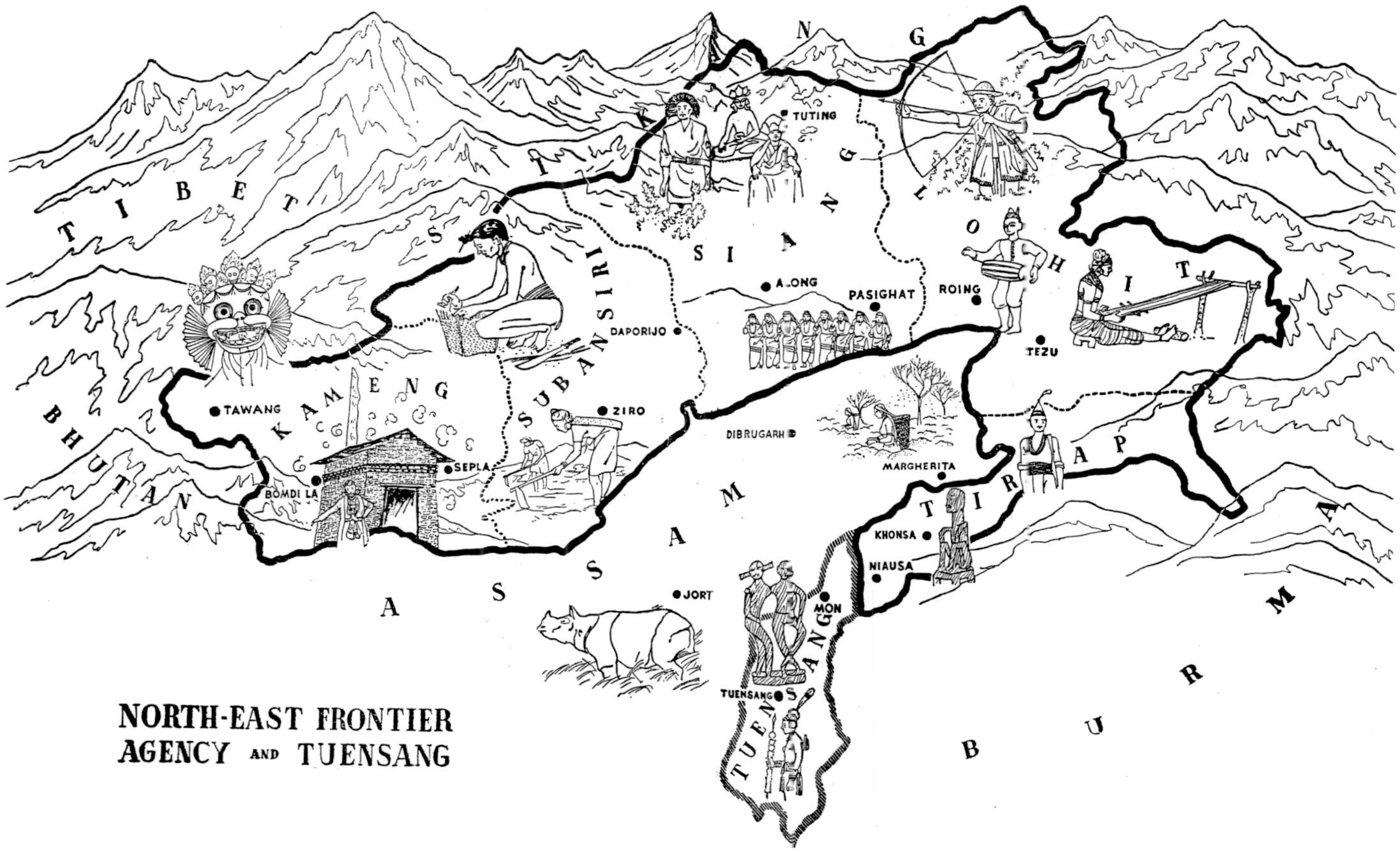

heit bis in unsere Tage fortgesetzt wird, obwohl die indische Regierung bereits 1963 der Gründung eines eigenen Bundesstaates „Nagaland“ zugestimmt hatte. In ihren künstlerischen Äußerungen gehören die Naga und einige ihrer Nachbarn zum bedeutendsten, was Asien auf diesem Gebiet hervorgebracht hat: Megalithische Steinsetzungen, Steinalleen und Steintische, Schmuck mit Kopfjägersymbolen, Erinnerungszeichen an Verdienstfeste, prächtige Schnitzwerke im Monumentalstil. Erstmals einem größeren Kreis bekannt geworden ist die faszinierende Kultur der Naga durch die Feldforschungen des österreichischen Völkerkundlers Christoph von Fürer-Haimendorf. Seine Monographie „Die nackten Nagas“, die 1939 erschien, gehört längst zu den Klassikern der ethnographischen Literatur. Heute bekennt sich der Großteil der Naga zum Christentum, wobei der Einfluss fundamentalistischer Baptistenprediger besonders stark ist; statt Morungs besuchen sie Schulen, anstelle von Kriegen finden politische Diskussionen statt, und die offizielle Verkehrssprache im Nagaland ist Englisch.

Alte Landkarte von North-East Frontier Agency (Nord-Ostindien).

VERBOTENES TERRAIN

Oben: Die Bergvölker der Siang-Provinz sind Animisten, die Tiere opfern und den Fluss als Gottheit betrachten. Eine rote Jacke, die einst von den Engländern als Amtsrobe eingeführt wurde, zeichnet einen alten Mann der Adi als Dorfvorsteher aus. Sein Helm aus Rohrgeflecht ist mit einem Bärenfell geschmückt.

Rechts: Der Brahmaputra entspringt als Gletscherwasser im westlichen Tibet und nimmt auf seinem langen Lauf in den Golf von Bengalen verschiedene Namen an. Er durchbricht die östlichen Gebirge von Tibet und fließt als Siang unter einer 600 Fuß langen Hängebrücke aus Bambusstäben, Lianen und Stahlkabeln hindurch, die von Bergstämmen knapp südlich der umstrittenen chinesisch-indischen Grenze errichtet wurde. Lange Zeit war das Gebiet für Fremde gesperrt.

OPFERRITUAL

Für religiöse Belange gibt es bei den Apatani rituelle Spezialisten, die als Vermittler zwischen den Menschen und den überirdischen Wesen fungieren. Sie haben vielfältige Aufgaben: Zeremonien durchzuführen, um die Fruchtbarkeit der Reisfelder zu garantieren, oder in ihren Träumen in das Geisterreich vorzudringen, um die geraubten Seelen der Kranken zurückzugewinnen.

Eine Schamane in voller Zeremonialkleidung und seine Assistenten führen auf dem Opferplatz, der sich außerhalb des Dorfes von Hong befindet, ein Fruchtbarkeitsritual durch. Vor den mit Quasten geschmückten Bambusstäben, die den Altar lokaler Gottheiten symbolisieren, werden Hühner und Eier geopfert. Anschließend wird einem Hund, der an ein Opfergerüst gebunden wurde, die Kehle durchgeschnitten.

AUSSTERBENDE TRADITIONEN

Das auffallendste Merkmal der Apatani-Frauen ist ihr Nasenschmuck: Als Ideal weiblicher Schönheit und als Zeichen ethnischer Zugehörigkeit stecken sie sich bis zu drei Zentimeter große, dunkel gefärbte Holzpflöcke durch die Löcher beider Nasenflügel. Diese Tradition soll auf die Zeit von Stammesfehden zurückgehen, als Entführungen an der Tagesordnung waren. Eine verunstaltete Schönheit war für die Verfolger weniger attraktiv. Blau-schwarze Strichtätowierungen ziehen sich senkrecht von der Stirn über den Nasenrücken zum Kinn und sollen vor Unheil schützen. Diesen Schmuck sieht man nur noch bei Frauen der älteren Generation.

HELMPARADE

Die männlichen Stammesbewohner in Arunachal Pradesh sind kunstvoll behütet: Ihre Helme aus Rohrgeflecht (Calamus) sind so fein geflochten, dass sie vollkommen wasserdicht und außerdem „hieb- und stichfest“ sind.

Geschmückt mit Zähnen von Wildschweinen und Haaren des Kragenbären, präsentieren sich die Adi-Männer als stolze Krieger. Der Mann links trägt als Brustschmuck den Unterkiefer eines Leoparden, ein Symbol von hohem Prestige.

Ehepaar der Chin aus dem burmesischen Bergland. Dieses Volk ist bekannt für seine ausgeprägten Gesichtstätowierungen. Heutzutage kann man nur noch wenige alte Chin-Frauen mit solchen Tätowierungen sehen.

Links: Adi-Mann aus Arunachal Pradesh mit typischer Kopfbedeckung, geschmückt mit dem Schnabel eines Nashornvogels, und unvermeidlicher Bambuspfeife.

HALSKETTEN UND BENYOP-SCHMUCKSCHEIBEN

Adi-Frauen tragen bis zur Geburt des ersten Kindes scheibenförmige Messing-Ornamente (Benyop) an einem Gürtel um die Hüfte. Über den Ursprung dieses Schmuckstückes berichtet eine Legende: Eine männliche Gottheit verliebte sich in eine junge Frau. Jedesmal, wenn sie Geschlechtsverkehr hatten, schenkte er ihr eine Benyop-Scheibe. Nach der Geburt eines Kindes legte sie den Benyop-Gürtel ab. Das Spiralmotiv soll das Lebensrad darstellen.

Links: Die Halsketten aus Meeresschnecken sind besonders wertvoll und werden über viele Generationen von der Mutter an die Tochter weitervererbt.

DER SCHAMANE UND DER TIGER

In den tropischen Dschungelgebieten Asiens, wo Tiger, Leoparden und Bären den Lebensraum beherrschen, entwickelten die Einheimischen hohen Respekt für diese Tiere.
Sie glauben, dass den Zähnen und Klauen, die gefährliche Waffen darstellen, große Zauberkräfte zukommen, welche als Amulette oder Talismane auf den Menschen übertragen werden können.

Oben: Im Versammlungshaus der Idu Mishmi, einer tibeto-burmanischen Volksgruppe, finden rituelle Tänze statt. Der Schamane schlägt eine kleine Trommel, um die Ahnengeister zu rufen, und über der Schulter trägt er eine gewaltige Kette aus Tigerzähnen. Ein Kopfband aus Kauris sowie ein Schwert und eine Tasche aus Bärenfell ergänzen seine Paraphernalia.
Rechts: Die Tigerzähne verleihen dem Schamanen magische Kräfte. Auf der Rückseite baumeln Zimbeln und Glöckchen herab, deren Klang böse Geister vertreiben.

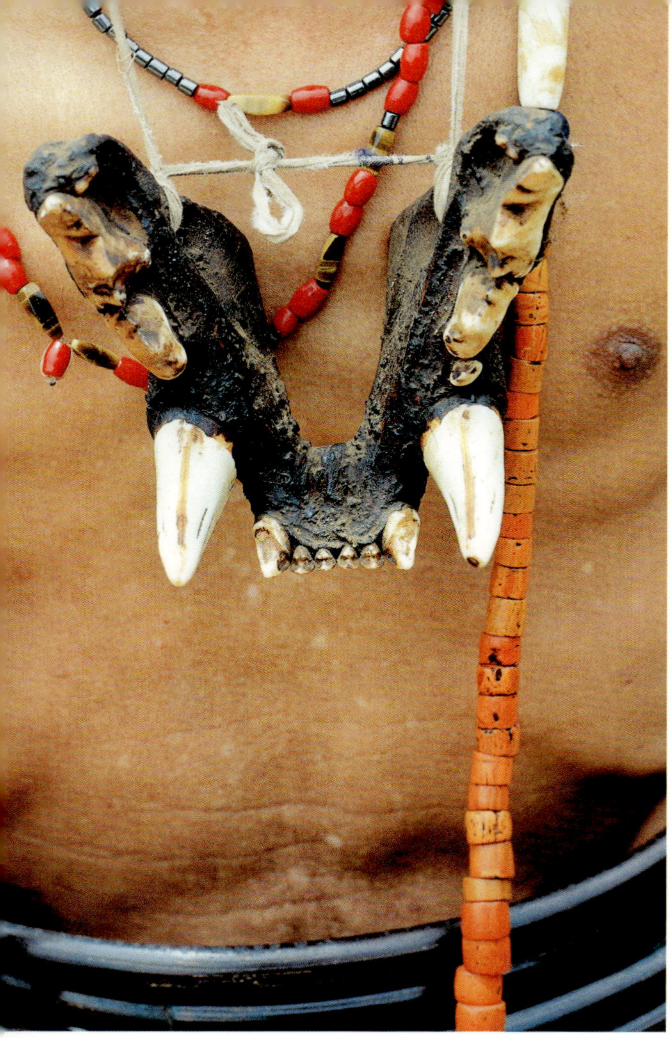

TRADITIONELLER SCHMUCK

Rechts: Naga-Krieger aus Singkaling Hkamti am Chindwin-Fluss in Burma mit traditionellem Schmuck: Eine Schnur mit zehn Tigerklauen, die von den beiden Vorderpranken stammen, umrahmt das Gesicht. Der Helm aus Rohrgeflecht ist mit zwei Eberzähnen geschmückt.

Links: Pektoral aus dem Unterkiefer eines Tigers. Gürtel aus gesplissenen, elastischen Rohrspiralen (Calamus). Der Gürtel ist für die Männer schon fast ein Kultobjekt, weil daran der Behälter mit dem Dao, dem Haumesser, befestigt wird; Tirap.

Unten: Wancho-Häuptling mit aufgefädelten Schmuckobjekten: Armbänder aus Silber und aus einer Muschel (Xancus pyrum), die nur im Golf von Bengalen vorkommt. Diese eindrucksvollen Muschelgehäuse spielen auch im hindu-buddhistischen Kulturkreis als Ritualobjekte eine wichtige Rolle.

KOPFJÄGERSYMBOLE

Oben: Adi-Mann mit Pektoral aus dem Unterkiefer eines Leoparden. Darunter trägt er das für die Padam-Minyong charakteristische Ornament, welches horizontal aus Knochen und vertikal aus Messingzylindern aufgebaut ist. Vervollständigt wird der Schmuck durch blaue Glasperlenketten.

Links: Brustschmuck eines Naga-Kriegers aus Kupferspiralen, Glasperlen und zwei Tigerzähnen, die besonders kostbar sind. Der an einem Rohrreifen befestigte Lendenschurz ist mit Kauris besetzt.

Rechts: Naga aus dem Bergland Myanmar mit dem typischen bestickten Umhang aus Baumwolle.

ERINNERUNGSZEICHEN AN VERDIENSTFESTE

Links: Ein Chang-Häuptling aus Tuensang hält ein Bambusgefäß mit Hirsebier in den Händen und sitzt vor seiner imposanten Hausfront. Die stilisierte Darstellung eines Mithan-Büffelkopfes schmückt ein schweres, aufrecht stehendes Holzpaneel im Eingangsbereich. Dieses Motiv zeigt den für die Naga typischen monumentalen und symbolhaften Schnitzstil, der ohne zusätzliche Ornamente auskommt. Es weist auf die Opferrinder hin und erinnert die Dorfbewohner an die Verdienste, die der Besitzer durch die Abhaltung von Festen erworben hat. Bei den Naga richtet sich das Ansehen einer Person danach, wieviele Feste sie abgehalten, und wieviele Büffel sie geopfert hat.
Oben: Schnitzwerk in Form eines Tigers, das aus einem Männerhaus stammt.

Vorhergehende Doppelseite:
Harmonisch fügt sich ein traditionelles Wancho-Dorf im Tirap-Distrikt von Arunachal Pradesh an die Flanken einer Bergkuppe. Kein Wellblech oder Zivilisationsmüll verunstaltet den Anblick. Die Häuser sind groß und stabil, sie besitzen massive Pfosten und starke Dächer, die mit mehreren Schichten Palmblättern gedeckt sind.

MONUMENTALE SIGNALTROMMELN

Zu den beeindruckendsten Schöpfungen der materiellen Naga-Kultur gehören riesige Schlitztrommeln, mit denen Nachrichten über viele Kilometer gesendet werden können. Es handelt sich dabei um ausgehöhlte, bis zu zwölf Meter lange Baumstämme mit einer schlitzförmigen Öffnung auf der Oberseite, die sich über die gesamte Länge erstreckt. Früher hallten überall im Nagaland die mächtigen, dumpfen Töne über die Berge, um Signale auszusenden, die in Zusammenhang mit kriegerischen Handlungen standen.

Heute erfüllen die wenigen noch verbliebenen Trommeln andere Aufgaben: Sie kündigen den Beginn von Festlichkeiten an oder fordern zur Teilnahme an wichtigen Versammlungen auf, sie alarmieren die Menschen bei Feuergefahr oder rufen zur Jagd herbei, wenn ein Tiger in Dorfnähe auftaucht. Die Schlitztrommel und die geopferten Mithan-Schädel (links) befinden sich in einem Morung, dem Kult- und Kunstzentrum des Dorfes, wo die Männer ihre Versammlungen abhalten und alle Stammesangelegenheiten regeln; Langdang-Region in Tirap.

Burschen und Männer schlagen mit schweren Holzschlägeln auf die Außenwand der Trommel, um sie zum Klingen zu bringen. Die Trommel steht auf einem Gestell über dem Boden und hat dadurch einen besseren Klang. Früher begleiteten Bronzegongs die Trommelrhythmen, von denen jeder eine eigene Bedeutung hatte.

Nächste Doppelseite:
Tanzende Naga-Gruppe anlässlich des Neujahrsfestes in Myanmar.

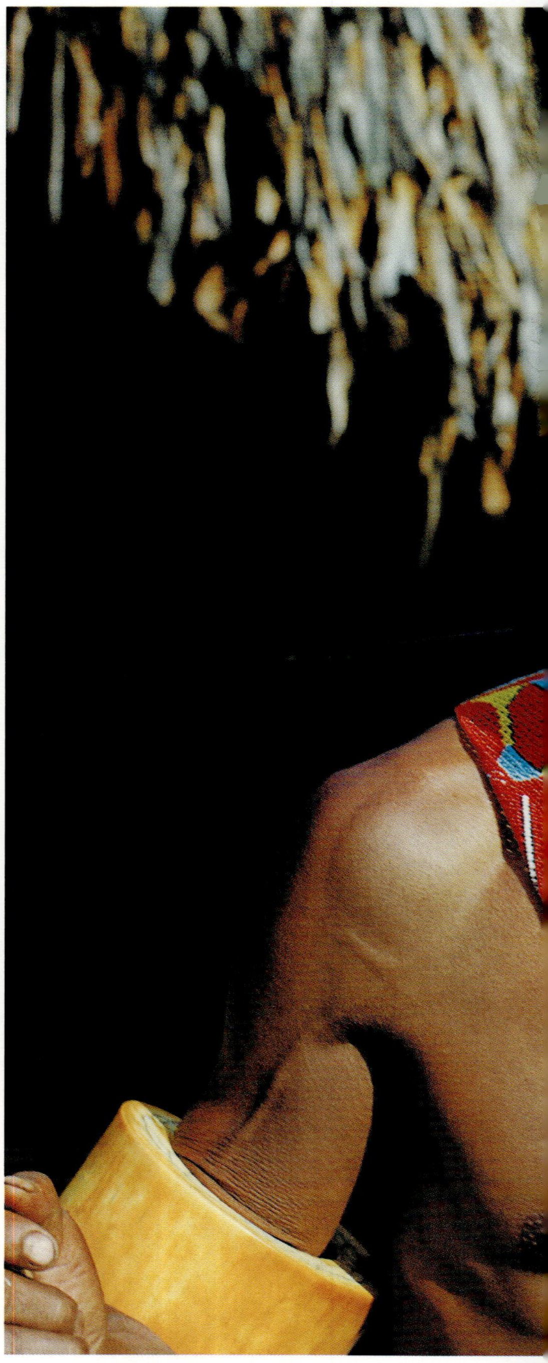

KOPFSCHMUCKVARIATIONEN

Die Untergruppen der Naga unterscheiden sich nicht nur durch ihre Sprache, sondern auch durch einen unverwechselbaren Kopf- und Körperschmuck. Die künstlerische Ausprägung hängt vor allem mit der Kopfjagd und den damit verbundenen magisch-religiösen Vorstellungen zusammen.

Nächste Doppelseite:
Tribal-Meeting beim Naga-Neujahrsfest in Myanmar, Sagaing-Provinz. Jedes Jahr treffen sich mehrere Hundert Naga zu einem gemeinsamen Fest in der Bergprovinz Myanmars an der Grenze zu Indien. Früher war der Hauptzweck der Schilder der Schutz im Kampf, jetzt sind sie zu Prestigeobjekten der Männer geworden.

VERDIENSTORDEN

Der Stolz der Vergangenheit spricht aus dem Gesicht dieses alten Naga-Kriegers, der mit einem Speer und einem Schild aus Büffelleder einen Zeremonialtanz imitiert. Sein Messing-Pektoral in Gestalt vier kleiner, stilisierter Kopftrophäen und eines Büffelgehörns weist auf die Anzahl der von ihm im Kampf getöteten Feinde hin. Seinen Ohrschmuck, Hörner einer Ziegenart, und die Gesichts-Tattoos durften nur erfolgreiche Kopfjäger tragen.

PERLENSCHMUCK

Ein Naga mit luhupa-Kopfschmuck in Form von Halbmond, Sonne und Sternen: Kleine rote Samenkapseln (Abrus precatorius) bedecken die beiden Holzscheiben, die eine Messingscheibe flankieren, sowie das u-förmige Rohrgeflecht, das das Gesicht umrahmt. Die Ränder zieren weiße Hiobstränen-Samen, Menschenhaar und Vogelfedern schmücken den oberen Teil des Kopfputzes. Die Aufnahme entstand 1999 während des Naga-Neujahrfestes im burmesisch-indischen Grenzgebiet.
Oben: Mädchen mit zahlreichen Halsketten aus orange farbigen Perlenschnüren.

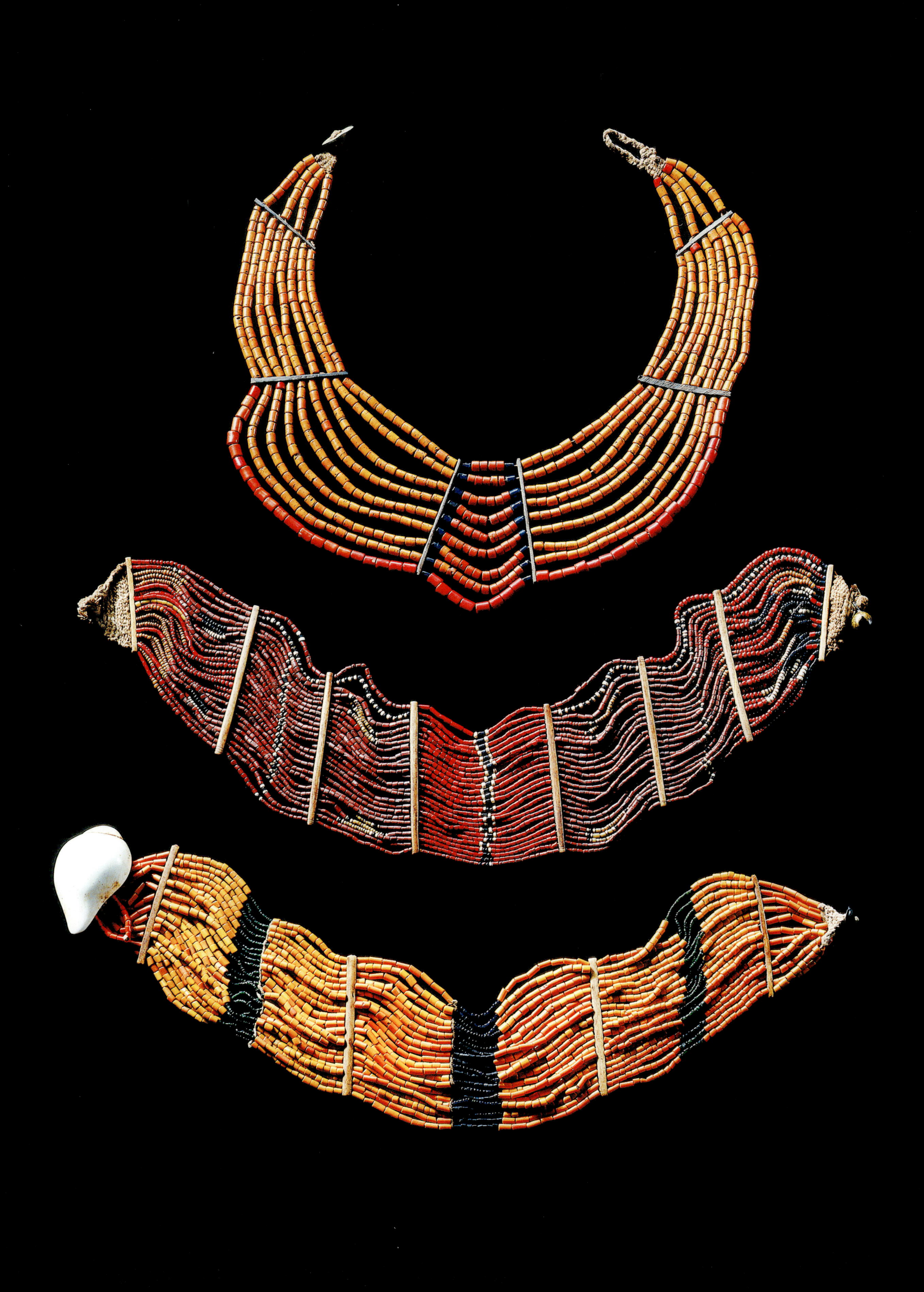

Beispiele für außergewöhnlichen Perlenschmuck aus verschiedenen Materialien.

Waren früher Macheten und Tigerzähne die Prestigeobjekte der Männer, so sind dies heute die Schrotgewehre und die Patronenhülsen, welche als Ohrschmuck verwendet werden.

„Wir lernten die Meau als ungemein tüchtige, begabte und lebenskluge Menschen kennen ... Ihr erstaunliches Gedächtnis ermöglicht es ihnen, uralte Überlieferungen von Generation zu Generation zu übermitteln."

Hugo Adolf Bernatzik, Die Geister der gelben Blätter

HINTERINDIEN

MENSCHEN DER NEBELBERGE

Tausend Berge und hundert Bergstämme – die größte ethnische Vielfalt Asiens ist im gebirgigen Hinterindien zu finden. Der Kulturraum Hinterindiens reicht von den Ausläufern des Himalaya-Massivs im Nordwesten, genau von Assam in Indien und den Chittagong Hills in Bangladesch, über Myanmar und Yunnan, Guangxi, Guizhou sowie Guangdong in China bis nach Vietnam. Thailand und Malaysien bilden die südlichen Ausläufer.

Der Einfluss der indischen Kultur auf die staatenbildenden Völker des südostasiatischen Festlands führte zur Bildung der südostasiatisch-buddhistischen Kulturprovinz, zu der Birmanen, Thai, Lao, Mon, Khmer u. a. zählen. Hier leben noch über hundert stammesmäßig organisierte Minderheiten, wobei der Anteil der tribalen Gesellschaften in Laos sogar 33 Prozent ausmacht, hingegen in Kambodscha nur ein Prozent. Grundsätzlich gilt für Hinterindien die Regel, je mehr Berge, desto bunter das ethnische Bild. Je mehr man sich dem ebenen Tiefland nähert, desto uniformer werden die Bilder der Menschen und umso dominanter ist das jeweilige Staatsvolk. Das ist auch einer der Gründe, warum viele Stämme in Randlagen abgedrängt und zu Rückzugspopulationen wurden.

Eine weitere Besonderheit Hinterindiens sind die transnationalen Minoritäten, die sich durch die kontinuierliche Nord-Süd-Migration in einem anderen Staatsgebiet aufhalten. So leben zum Beispiel die Mehrzahl der Miao in Südchina, in Yunnan, Guangxi Guizhou und in Teilen von Szechwan, andere wiederum unter dem Namen Mnong in Nordvietnam und in Laos, aber auch in Nord-Thailand unter dem Namen Meo. Oder die Kachin, die in Yunnan, Nordostindien und Nord-Myanmar leben.

Hinterindien wird von vier großen Sprachgruppen durchzogen. Zur sino-tibetischen Sprachgruppe zählen Kachin, Karen, Hmong, Yao, Chinesisch und Burmesisch, zur austroasiatischen Khmer, Mnong, Bahnar und Vietnamesisch. Zur Tai-Kadai-Gruppe gehören, wie der Name schon sagt, Thai, Laotisch und die Shan-Sprachen. Die vierte Gruppe sind die austronesischen Sprachen, zu denen Cham, Rhadé, Jarai und Malaiisch gehören.

Die traditionellen Glaubensvorstellungen der Stämme kommen nicht von organisierten Religionsgemeinschaften her, sondern sind von kulturgebundenen und partikularistischen Stammesreligionen bestimmt. Die Hochreligionen Hinterindiens sind aber mit animistischen

Junge Frau der Gejia aus den Bergen von Guizhou.

Abong-Mädchen

und mythischen Elementen synkretistisch verbunden. Zum Teil kam es auch zur Bildung neuer Minoritäten-Religionen, indem alte Glaubensvorstellungen, unter kräftiger Mithilfe von Missionaren verschiedener Konfessionen, zu neuen Religionen umgestaltet wurden.
Die Stämme leben in weit verstreuten Siedlungen als Reisbauern. Ihr Leben ist nach wie vor eng mit ihrem unerschütterlichen Glauben verbunden, dass ihre traditionelle Lebensweise für sie die einzig richtige Art zu leben ist.

Die Mru leben in der für uns weitgehend unbekannten und schwer zugänglichen Welt der Chittagong Hill Tracts im Südosten von Bangladesch. Sie selbst nennen sich „Mru-tsa", was Menschenkinder heißt. Ihre Dörfer bleiben über Jahrzehnte an Ort und Stelle und werden mit dem Namen des Dorfvorstehers, Karbari genannt, betitelt. Ihre Sprache hat einen eigenständigen Status innerhalb der tibeto-birmanischen Sprachgruppe. Ebenso eigenständig sind die Rinderfeste der Mru, die, verglichen mit den Bräuchen anderer Bergstämme Hinterindiens, zur außergewöhnlichsten Erscheinung gebracht wurden. Gastgeber sind ausschließlich verheiratete Männer, die diesen Tag als den bedeutendsten in ihrem Leben feiern. Auslöser für diese Feste sind große Ereignisse, etwa eine gute Ernte oder die Überwindung einer gefährlichen Krankheit. Der wichtigste Gastgeber ist standesgemäß der Karbari, der durch das Fest sein Ansehen steigert. Bei großen Festen werden neben Rinder auch noch Hunde, Hühner, Büffel und Gayal geopfert. Diese Verdienstfeste verhindern die wirtschaftliche Vormachtstellungen einzelner Familienclans, weil der Produktionsüberschuss, der nicht zum Leben gebraucht wird, durch ein Rinderfest umverteilt wird – was bleibt, ist das Ansehen. Die Feierlichkeiten sind auf die Monate Dezember und Jänner begrenzt, die Zeit nach der Baumwollernte und der Neubestellung der Felder. Die Opfertiere werden von anderen Dörfern zugekauft. Auf der Suche nach den Opfertieren wird zugleich überall die Nachricht über das Fest und den Anlass verkündet. Größere Feste benötigen mehrere Tage an Vorbereitung. Ausreichend Reis muss gestampft werden, auch die Bier- und Schnapsherstellung, allesamt Tätigkeiten der Mru-Frauen, muss auf Hochtouren laufen. An den Abenden vor den Festen treffen sich die jungen Männer, um ihre Mundorgeln zu reparieren und um mit ihnen zu üben; An diesen Tagen werden sogar die sonst allabendlichen Mädchenwerbungen vernachlässigt. Das Spielen auf den Mundorgeln, die von zehn Zentimeter kleinen Pfeifen bis zu mehrere Meter langen Rohren reichen, ist nur vor und während der Rinderfeste erlaubt. Der Festplatz wird mit drei bis vier Meter hohen Bambusstangen, an denen Quasten hängen, geschmückt. Zwei Stangen in der Mitte des Festplatzes schmücken den Opferpfahl, an den die Tiere gebunden werden. Ein Opferaltar steht gleich daneben. Ist das rituelle Schmücken des Fest- und Opferplatzes fertig, was reine Männersache ist, dürfen die Musikinstrumente auf den Platz gebracht werden.
Dem Tötungsritus des Opfertieres und dem Abschneiden dessen Zunge liegt folgende Sage zu Grunde: Zu der Zeit als Gott die Welt erschuf, sandte er ein Rind aus, um den Menschen bestimmte Lebensgewohnheiten und -praktiken beizubringen. Das Rind ließ die Bengalen, die moslemischen Tieflandbewohner von Bangladesch, wissen, dass sie dreimal täglich jäten und dreimal täglich ernten sollen. Dann folgte der Besuch in den Bergen bei den Mru. Das Rind hatte eine Schriftrolle im Maul, auf dem die Information für die Mru stand. Auf dem harten

und beschwerlichen Weg in die Berge wurde das Rind faul, hungrig und durstig und seine Zunge bewegte sich wie wild hin und her. Und so geschah es, dass es die Schriftrolle verschluckte. Bei den Mru angekommen, konnte sich das blöde Rind nicht mehr recht an den Inhalt erinnern und teilte den Mru mit, dass sie dreimal am Tag jäten, aber nur einmal am Tag ernten sollen. Erzürnt und unzufrieden beschwerten sich die Mru bei Gott; dieser schlug dem Rind auf das Maul, so dass seitdem jedem Rind die oberen Vorderzähne fehlen. Den Mru gestattete er, das Rind an einen Pfosten zu binden, es mit Musik zu umtanzen und es sodann zu töten, danach seine Zunge abzuschneiden und an den Opferpfahl zu nageln. Bei der überbrachten Lebensregel von dreimal täglich jäten und einmal ernten blieb es aber, und so rächen sich die Mru noch heute für diese Falschmeldung an den Rindern.

Eines der ungewöhnlichsten Völker Südostasiens lebt unmittelbar an der thailändisch-burmesischen Grenze: die Padaung. Offiziell gehören sie zum mongolischen Volksstamm der Karen und es wird vermutet, dass die Padaung ursprünglich aus dem Norden Chinas einwanderten. Übersetzt bedeutet pa „drumherum" und daung ist die Bezeichnung für „glänzendes Metall". Damit sind die Messingringe gemeint, welche ihre Frauen um den Hals tragen. Die Messingspiralen der Frauen sind ein eindeutiges kulturelles Kennzeichen, an dem sie jeder erkennt, weshalb sie auch „Giraffenfrauen" genannt werden. Warum sie diese Messingspiralen tragen, ist noch nicht genau geklärt. Früher vermutete man, dass sie ein Schutz gegen Tigerbisse seien. Eine andere Theorie lautete, dass sie zur Abschreckung von Sklavenhändlern dienten. Heute sind jedoch viele Ethnologen davon überzeugt, dass dieser Körperschmuck mythologische Hintergründe hat. Die Padaung haben ihre eigene Erklärung dafür, dass ihre Frauen diesen seltsamen Halsschmuck tragen. Sie verstehen sich selbst als Nachkommen der Schlangen- und Drachengeister. Um die Nachkommenschaft zu diesen Geistern visuell auszudrücken, wurde irgendwann damit angefangen, die Hälse der Frauen mit Messingringen so zu strecken, dass eine Übereinstimmung mit den „Hälsen" der Schlangen und Drachen zustande kam. Durch die Spiralen imitieren sie somit ihre Vorfahren. Für die Padaung von heute hat der Schmuck nur eine Bedeutung: Sie finden ihn schön. Er ist weder Teil eines Ritus noch hat er eine religiöse Funktion.

Früher bekamen die Mädchen schon im zarten Alter von etwa fünf bis acht Jahren den ersten Halsring umgelegt. Das Umlegen des ersten Halsringes war mit einer rituellen Zeremonie verbunden, die vom Schamanen per Horoskop und astronomischen Berechnungen auf einen bestimmten Tag festgelegt wurde. An diesem Tag wurde der Hals des Mädchen mit einer Salbe eingerieben und einige Stunden massiert, um die Halsmuskulatur zu entspannen. Das Anlegen von Stoffpolstern milderte nicht nur den möglichen Schmerz, sondern auch Abschürfungen beim Anlegen des Ringes wurden so vermieden. An diesem jährlich wiederkehrenden Tag bekamen die Padaung-Mädchen einen weiteren Ring angelegt. Durch das zeitlich verzögerte Anlegen konnte der Hals immer weiter von den Schultern weg gedehnt werden, ohne dass dauernde Schmerzen auftraten. Eine erwachsene Frau trug am Ende mehrere Kilo massives Messing um den Hals.

Den Schmuck wieder abzunehmen, wird Padaung-Frauen nur ästhetisch zum Verhängnis. Die verbreitete Meinung, dass daraufhin die geschwächten Muskeln

den Kopf nicht mehr halten können und die Wirbelsäule abknickt, ist medizinisch nicht haltbar. Es sieht nur so aus, als ob die Halswirbelsäule durch die Messingringe gedehnt und instabil werden würde. In Wirklichkeit drücken sie nur die Schlüsselbeine und die Schultern herunter, wodurch der Hals länger wirkt, während die Wirbelsäule völlig unberührt bleibt. Nach Jahren des Tragens kommt es aber zu einer Atrophie der Halsmuskulatur und zu einer Deformierung der Halswirbelsäule. Das Tragen der Messingringe wurde, zumindest in früheren Zeiten, somit zur Überlebensfrage. Ähnliche Deformierungen findet man übrigens auch in anderen Kulturen.
In der Vorstellungswelt der Padaung galt diejenige Familie als reich und geachtet, dessen Familienmitglied die meisten Messingringe um den Hals trug. Manche der Frauen sollen in ihrem Leben bis zu 25 Ringe getragen haben, wodurch sie höchste Anerkennung in der Gemeinschaft fanden. In der heutigen Zeit stirbt der Brauch jedoch immer mehr aus, und nur noch wenige junge Mädchen erklären sich dazu bereit, dieser Tradition zu folgen. Einige Mädchen tragen nur noch eine geringe Anzahl von Ringen, damit der Hals nicht mehr gestreckt wird. Die Padaung-Männer verehren immer mehr moderne, westlich gestylt Mädchen, mit denen sie in den thailändischen Schulen Kontakt haben.
Bekannt wurde das Volk der Padaung im Grunde erst durch diverse Werbeaktionen der thailändischen Regierung, die es auf Plakaten als „das Volk mit den Giraffenfrauen“ darstellte. Als Attraktion einbringend vermarktet, wurde es in Thailand zum „Objekt“ der Begierde für den Erlebnis-Tourismus. Myanmar hingegen riegelt die Stammesgebiete der Padaung für Reisende noch immer ab.
Die Padaung sind nach wie vor ein Volk mit unbekannter Geschichte, einer rätselhaften Geisterwelt und einer nur zum Teil erforschten Herkunft. Sie bleiben somit bis heute eines der am meisten fotografierten, aber am wenigsten erforschten Völker Südostasiens, dessen Population nur noch 7000 Menschen zählt.

Die Berge Nordthailands sind die Ausläufer des Himalaya-Gebirges und die Heimat von fast einem halben Dutzend Bergstämme. Die am meisten der Tradition verhafteten Stämme sind die Akha, die man wiederum am prächtigen Kopfschmuck der Frauen erkennt. Neben ihnen siedeln auch noch die Karen, Lisu, Lahu, Yao und Hmong in diesem Gebiet. Ihr Leben in der Abgeschiedenheit der Bergwälder ließ sie ihre ethische Eigenart bewahren. Die größte Bedrohung ihrer Eigenart wurde der thailändische Massentourismus, der auch vor ihrer Welt nicht Halt machte. Prinzipiell wird in Thailand alles vermarktet, was nicht angebunden werden kann, und da die Stämme in diesem Land nur als Gäste geduldet werden, bleibt ihnen auch ihrerseits nur die Duldung der Fototouristen. Sie haben allerdings mittlerweile gelernt, in Bezug auf den Tourismus unternehmerisch zu denken.
Die Lebensgrundlage der Akha ist der Reisanbau. Die Berghänge sind nicht so fruchtbar wie die Talebenen, wo man Nassreis pflanzen kann, deshalb hält sich der Überschuss nach der Ernte sehr in Grenzen.
Jedes Akha-Dorf gilt als eine soziale Einheit. Seine traditionelle Struktur umfasst den Dzoema, den Dorfvorsteher, den Pima oder Schamanen, der auch gleichzeitig Rezitierer ist, und den Nipa, den Heilschamanen. Meist gibt es zwei Schmiede im Dorf, Baji genannt, einen für das handwerkliche Gerät und einen Silberschmied für die Schmuckerzeugung. Letzterer ist hoch angesehen, weil er aus den Silbermünzen den Schmuck herstellt, der wie ein Talisman wirkt.

Die Akha leben nach einer hoch komplizierten, mündlich überlieferten Lebensphilosophie, in deren Mittelpunkt ein intensiver Ahnenkult steht. Im Bewusstsein ihrer Einzigartigkeit haben die Akha Kontakte zu anderen Gesellschaften stets vermieden.

Zu den weniger bekannten Stämmen Hinterindiens zählen die Miao und Gejia, die im Südwesten Chinas, in Guizhou, Yunnan, Hunan und in Guangxi, dem autonomen Gebiet der Zhuang, leben. Ihr außergewöhnlicher Kopfschmuck und ihre Kleidung sind ein wichtiger Bestandteil ihrer Kultur und werden jedes Jahr beim traditionellen Lusheng-Festival zur Schau gestellt. Beim rituellen Tanz dürfen nur unverheiratete Mädchen den Kopfschmuck tragen.
Der kronenförmige Kopfschmuck der Miao besteht aus silbernen Plättchen mit verschiedenen mythologischen Ornamenten, die beim Tanz aneinander schlagen und sinnliche Klänge erzeugen. Der Ton der Lusheng-Pfeife, die dazu gespielt wird, soll, ebenso wie die ästhetischen Tanzbewegungen, auf die jungen Männer anregend wirken, da es bei dem Fest der Frühlingsblüte nur darum geht, die Menschen zusammenzuführen.
Das Lusheng-Festival findet bei allen Miao-Gruppen jedes Jahr in den Wintermonaten statt. Der Kopfschmuck mit den Silberornamenten unterscheidet sich von Ethnie zu Ethnie. In der Region um Kaili besteht er aus Silberketten, mit denen der Haarknoten nach oben gebunden wird. In den Haarknoten werden ein Horn- oder Holzkamm und zwei Büffelhörner aus kleinen Silberstreifen gesteckt. Dazwischen liegt eine Perle, die von Silberstreifen in Form eines Fächers umgeben ist. Dieser Silberschmuck ist im alleinigen Besitz der Frauen, der Mann hat selbst nach der Hochzeit kein Anrecht auf das wertvolle Kapital.

Die Gejia, eine Subgruppe der Miao, pflegen bis heute in den entlegenen Bergdörfern das Ritual der Ahnenverehrung, wobei eine mannshohe Trommel eine entscheidende Rolle spielt, die die Gejia als Sitz ihrer Ahnen betrachten. Der Tag, an dem diese Zeremonie stattfindet, wird durch Schicksalsdeutung bestimmt. Tänze leitet das Ritual ein, sobald die Trommel über dem Zeremonienort hängt. Der Höhepunkt ist die Schlachtung eines Rindes. Sein Fell wird als Bespannung für die Trommel verwendet und mit Bambusnadeln befestigt. Geschichtenerzähler erzählen die Stammesgeschichte und alle Stammesmitglieder tanzen zu den Klängen des Sheng, einem Musikinstrument aus Bambus.
Bei den Gejia gibt es regelmäßig und unregelmäßig stattfindende Zeremonien zur Ahnenverehrung, erstere finden jedes Jahr zur Wintersonnenwende im Trommelhaus statt, letztere dauern drei Tage und drei Nächte und werden nur alle dreißig oder fünfzig Jahre vollführt, in der Regel in einem Jahr mit sehr guter Ernte. Die Hintergründe dieses Ahnenkultes sind nach wie vor geheimnisvoll. Der Geschichte nach arbeiteten die Gejia für ihren Stammesführer den ganzen Tag so hart, dass sich viele vor Erschöpfung unter einen Kampferbaum legten, wo sie an den Folgen ihrer Anstrengung starben. Als die Überlebenden wehklagend gegen den Baumstamm schlugen, hörte sich dies wie der Klang einer großen Trommel an. Man meinte, dass die Seelen der Verstorbenen in den Baum gefahren seien und darin nun in Frieden ruhten. Aus diesem Grund wurde der Baum umtanzt und so entwickelte sich die Zeremonie zur Ahnenverehrung, wie sie sich bis zum heutigen Tag erhalten hat. Diese Geschichte, Harong genannt, reicht weit zurück und spiegelt auch die Gesellschaftsordnung der Gejia wider.

DIE MRU

Nur wenige Bergvölker in den Chittagong-Hills von Bangladesch haben die blutigen Unruhen der bengalischen Umsiedlungspolitik ohne größeren Schaden überlebt. Die friedlichen Mru, die sich selbst „Menschen" nennen, siedeln in einem militärischen Sperrgebiet an der Grenze zu Burma und haben viele Aspekte ihrer ursprünglichen Lebensweise bewahrt. Die Welt der Mru ist eine Welt aus Bambus, der Material für Haus, Musikinstrumente und Rauchgeräte liefert.

MUNDORGEL-MUSIK

Die unverheirateten Mädchen tanzen zur Musik der jungen Männer auf dem Festplatz. Mru-Musik zu hören, bedeutet der Musik neu zu begegnen – die eigenartigen Melodien, die von den Mundorgeln stammen, sind monoton und schrill zugleich. Die Instrumente von unterschiedlicher Größe bestehen aus Bambusrohr und ausgehöhlten Flaschenkürbissen. Das Fest findet anlässlich einer Zeremonie statt, in dessen Mittelpunkt die rituelle Tötung eines Rindes steht.

MODISCHE BRAUTSCHAU

Junge Mru-Männer haben sich herausgeputzt, um den Mädchen zu gefallen: Schwarz gefärbte Zähne, das lange Haar kunstvoll zu einem Knoten geschlungen, eine Haarnadel, selbst gefertigte und mit Blech verkleidete Zierkämme, Ohrringe sowie Hibiskusblüten bilden ihren Schmuck. Das Rouge auf Wangen und Handflächen stammt von den roten Samenkapseln des Achiote-Strauchs (Bixa orellana).

OHRSCHMUCK

Links: Alte Tsak-Frau aus dem südöstlichen Bangladesch.
Oben: Prung-Frau mit zahlreichen Halsketten aus Glasperlen und großen Ohrreifen; Chittagong-Hilltracts.
Rechts: Kayah-Frau aus dem Grenzgebiet zwischen Thailand und Myanmar mit großem Ohrring, Messingreifen, chinesischen Silbermünzketten und Ketten aus Kaurischnecken.

VERSCHWINDENDE TRADITIONEN

Mru-Mädchen mit silbernem Münzschmuck auf dem Kopf und um den Hals. Besonders begehrt sind alte Silberrupien aus der britischen Kolonialzeit, die als Erbstücke und als Teil der Mitgift eine große Rolle spielen.

Rechts: Die Mädchen legen auch bei der Arbeit die silbernen Armspangen, Ohrreifen und Perlencolliers, die sie auf den Märkten im Tiefland erwerben, nicht ab. Rot gefärbte Lippen und mit Ruß geschwärzte Zähne entsprechen dem Schönheitsideal der Mru.

Die Errichtung der Opferstätte ist reine Männersache, ebenso das unvermeidliche Trinkgelage, das zur Einweihung des Opferaltares stattfindet.

RINDERRITUAL

In einer mythischen Überlieferung wird von einer Kuh berichtet, die einst ein heiliges Buch fraß, in dem die religiösen Überlieferungen der Mru aufgelistet waren. Um diesen Frevel zu rächen, findet jedes Jahr ein Opferritual statt, bei dem der Palmwein in Strömen fließt: Mit einem Eisenspeer tötet ein Mru-Mann das magere Rind, das in ein Gehege aus festlich geschmückten Bambusstangen gezwängt wurde. Mädchen begleiten tanzend das Ritual. Das tote Opfertier wird anschließend zum Haus des Dorfvorstehers gezerrt, wo es für das Festmahl zubereitet wird.

PADAUNG BEDEUTET „LANGER HALS“

Ein Turm glänzender Messingspiralen um den Hals scheint den Kopf der Padaung-Frauen aus den burmesischen Bergen zu stützen. Zusätzliche Anhänger aus Münzen und Silberspangen vergrößern die Last. Einige Padaung sind vor dem Regime in Burma geflüchtet und haben sich im thailändischen Grenzgebiet niedergelassen, wo sie sich als Fotomodelle zur Schau stellen, um sich damit ihr Auskommen zu verdingen.

LUST AN DER LAST oder SCHÖNHEIT MUSS LEIDEN

Das Nackenkorsett der Padaung besteht aus langen Messingspiralen; die zahlreichen Windungen liegen auf einem breiten, mehrreihigen Schulterring, der wiederum von einem kleinen Ring umfasst wird. Manche sehen in ihm eine Vorrichtung, die einst Sklavenjägern dazu diente, die geraubten Frauen aneinander zu ketten.

Schon mit fünf Jahren werden den Mädchen die ersten Spiralen um Hals und Beine gelegt. Alle zwei Jahre werden die alten abgenommen und durch neue, größere ersetzt. Eine erwachsene Frau kann so bis zu zehn Pfund Last auf ihre Schultern laden. Besondere hygienische Vorkehrungen sind notwendig, um ein Wundscheuern der Haut zu vermeiden.

FUSSREIFEN

Links: Die Frauen der Bre, einer Untergruppe der Karen aus Burma, tragen wie die Padaung unterhalb der Kniekehle und am Fußgelenk Messingspiralen, die so kompakt sind, dass sie Mühe haben, die Beine abzuwinkeln.

Oben: Massenweise umschnüren fein gezwirnte, lackierte Fußringe aus Pflanzenfasern Kniebereich und Schenkel der Kayah-Frauen. Meist sitzen sie deswegen, ebenso wie die Padaung-Frauen, mit ausgestreckten Beinen auf dem Boden.

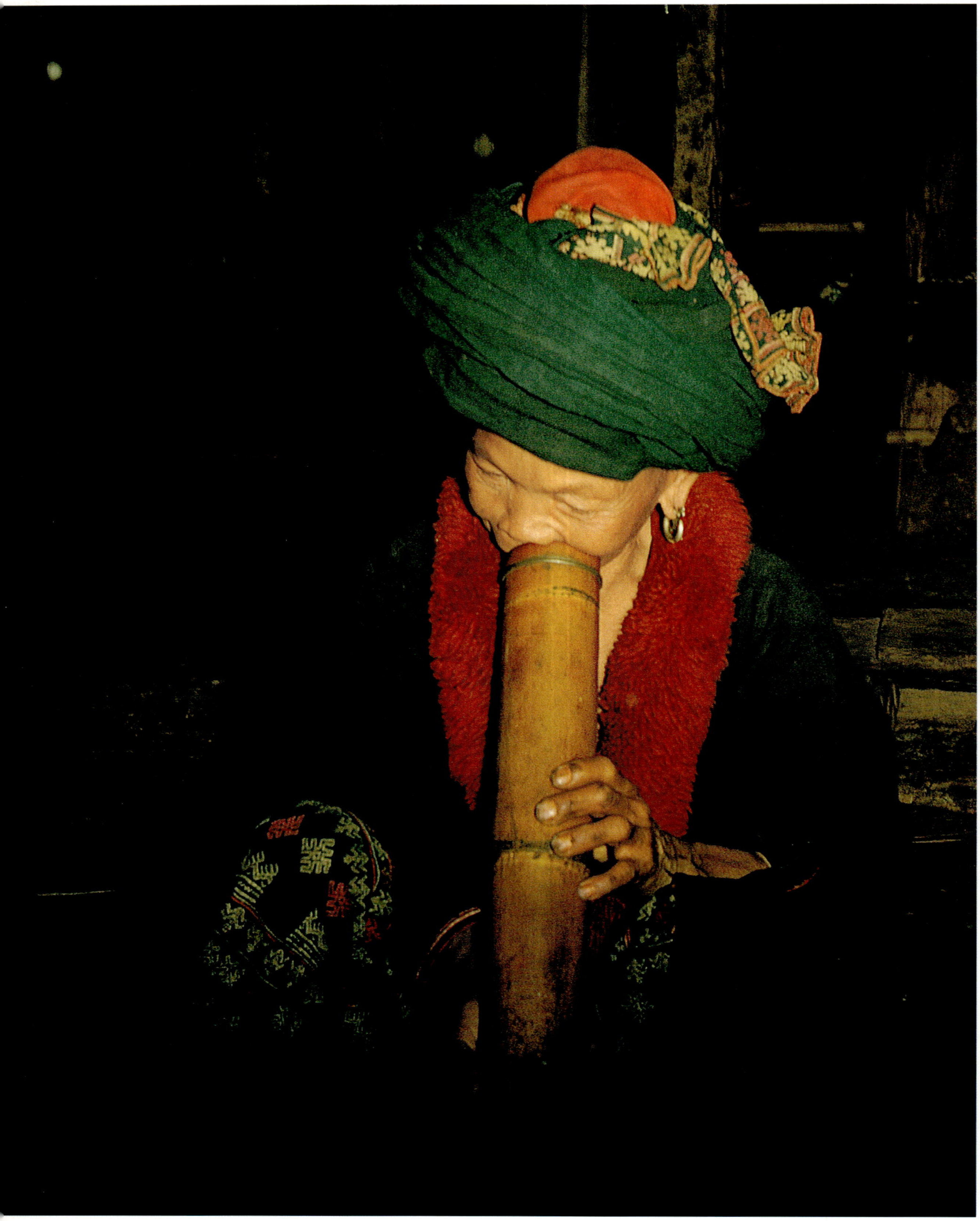

Eine alte Frau raucht Tabak aus einer Bambus-Wasserpfeife, wie sie für alle Bergvölker dieser Region typisch ist. Die Bergvölker im Goldenen Dreieck sind leicht anhand ihrer Tracht zu unterscheiden. Die Frauen der Yao, die einen Großteil ihrer Freizeit mit dem Besticken von Textilien verbringen, erkennt man sogleich an ihren schwarzen oder indigofarbenen Turbanen und Gewändern, die am Kragen mit roten Borten verziert sind.

FESTKLEIDUNG

Vor allem während des Neujahrsfestes übertreffen sich die Lisu-Frauen in ihren farbenfrohen Trachten und in der Verwendung ihres Silberschmuckes.

AKHA-KOPFSCHMUCK

Akha-Frauen aus dem Goldenen Dreieck mit prächtigem Kopfputz, den sie auch während der Arbeit nicht ablegen. Typisch für die Frauen bestimmter Klans ist eine kegelförmige Haube, die mit Silbermünzen und Büscheln aus rot gefärbtem Gibbonfell besetzt ist (links). Bei anderen Akha-Gruppen zieren zahlreiche Silbermünzen und gehämmerte, silberne Halbkugeln die Baumwollmütze. Silberne Gehänge, die an den Seiten baumeln, und Halsketten aus Glasperlen und weißen Samenkapseln sind weitere Accessoires.

Bei verheirateten Frauen vervollständigt eine trapezförmige, versilberte Platte auf der Rückseite den Kopfschmuck (rechts).
In den Siebzigerjahren wurde das Silber – aus Furcht vor Diebstählen und Überfällen, die seit damals an der Tagesordnung sind – oft durch Aluminium ersetzt.

Variationen des Akha-Kopfschmucks aus dem thailändisch-burmesischen Grenzgebiet.

HANDWERKSKUNST

Die Silberschmiede der Bergstämme genießen hohes Ansehen; Viele haben ihr Handwerk von den Shan und Chinesen gelernt. Das Silber wird meist von chinesischen Händlern erworben. Es besteht aus Barren, aber auch alte Schmuckstücke und Silbermünzen werden eingeschmolzen. Heutzutage wird lieber das leichter zu bearbeitende Neusilber verwendet, eine Legierung aus Zink, Kupfer und Nickel, auf chinesisch „Packfong" genannt. Einige Grobschmiede stellen auch Silberschmuck her.

Oben: Lahu-Schmied mit Holzkolben und Bambuszylinder; Region von Chiang Saen. In der Mitte ist an dem Luftleitungsrohr eine Tondüse angebracht, die das Kolbengebläse mit der Esse verbindet.

Rechts: Ein Meau-Schmied in traditioneller Tracht aus Nordthailand verwendet einen Pumpbohrer mit Spitzmeißel, um ein Silberstück zu lochen.

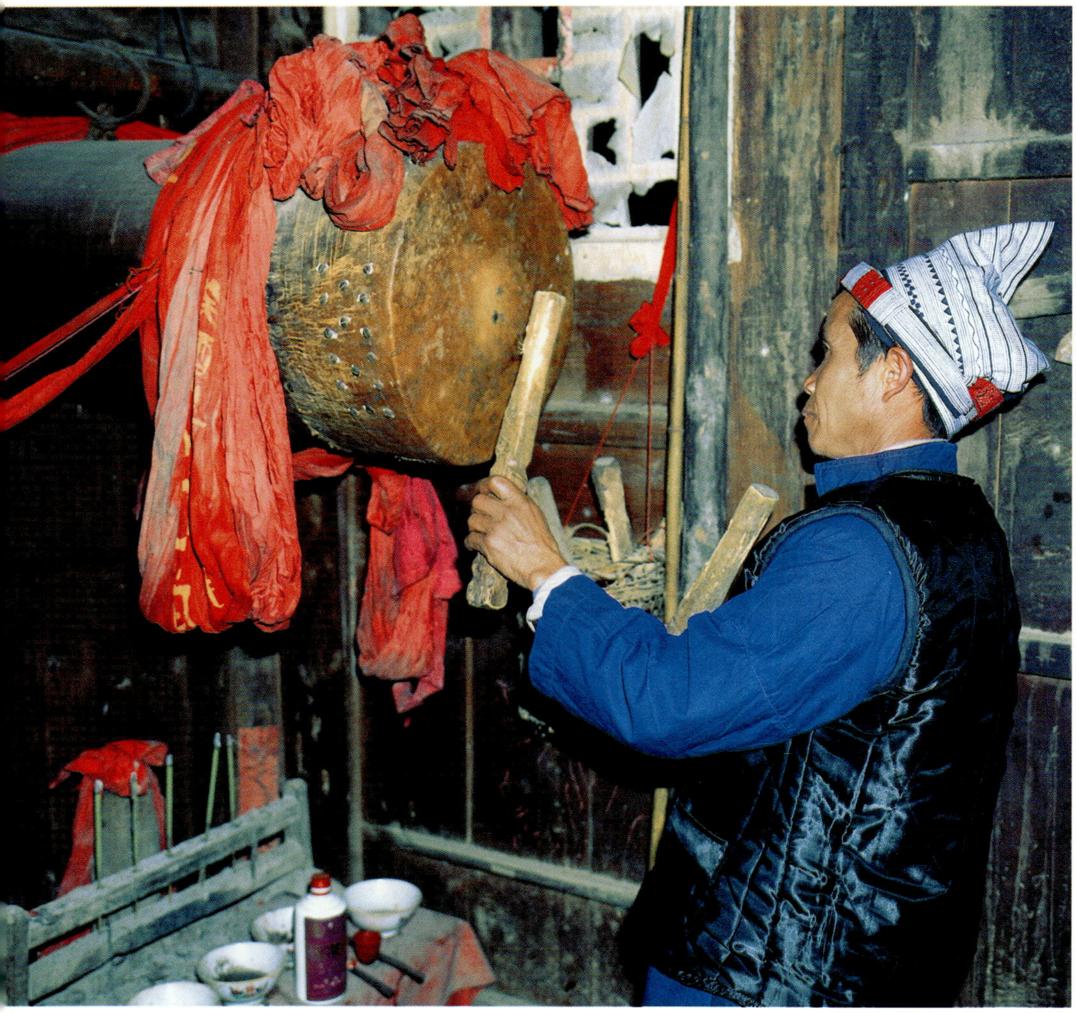

FORMENVIELFALT CHINESISCHER MINORITÄTEN

In den Bergregionen des südwestlichen Chinas haben verschiedene ethnische Minderheiten ihre angestammten Lebensformen über die Zeit staatlich verordneter Gleichmacherei bewahren können. Einen außergewöhnlichen Stellenwert besitzen bei den Miao und ihren Verwandten, den Gejia, die reichen und vielfältigen Silberschmucktraditionen und Techniken der Textilkunst. Die Mädchen der Gejia von Giuzhou tragen prächtigen Silberschmuck und leuchtende Kleider, die mit feinen Batikmustern und Stickereien verziert sind. Die Gejia erlangten vor ein paar Jahren den Status einer eigenständigen ethnischen Minorität. Dies bringt den Vorteil, dass die sonst übliche Ein-Kind-Regel für sie nicht gilt.

Links unten: Die Trommel hat hat bei den Gejia eine wichtige Funktion in der Ahnenverehrung.

Schon im Babyalter erhalten die Kinder der Gejia eine silberne Krone. Diese ist mit Abwehrsymbolen verziert und hat die Aufgabe, die Seele im Körper festzuhalten.

DIE SCHÜTZENDEN HÖRNER DES DRACHEN

Die Miao sind eine weit verzweigte Volksgruppe, die vom südwestlichen China über Vietnam und Laos bis nach Nordthailand verbreitet ist. Ihr Silberschmuck gilt als Symbol der Helligkeit, die die Mächte der Finsternis abwehrt und vor Krankheit und Unheil schützt. Bei zeremoniellen Festen tragen sie von Kopf bis Fuß zahlreiche Schmuckstücke aus Silber, für dessen Herstellung 15 Kilogramm Rohsilber erforderlich sind.

Der silberne Kopfschmuck der Mädchen von Langde in Guizhou repräsentiert die „Hörner des Drachen", ein Glückssymbol, das böse Geister vertreibt. Verschiedene Motive wie Phönix, Elster, Truthahn oder Pflaumenblüten schmücken die einzigartigen Silberhornkronen, die Teil der Aussteuer der Braut sind und Zeichen von Wohlstand darstellen.

LUSHENG-ORCHESTER

Die Männer und und der Schamane mit dem Hut aus dem traditionellen Miao-Bergdorf von Langde musizieren anläßlich eines Festes auf ihren Lusheng-Instrumenten aus langen Bambusrohren.
Oben: Ein junger Miao aus Taijiang trägt noch die alte Tracht und spielt auf einer Mundorgel.

„... das wahre Shangri-La ist nicht ein bestimmter Ort, den man besuchen kann, sondern ein Bewusstseinszustand, der in großen Teilen des Himalayas bereits verloren gegangen ist."
Galen Rowell

DACH DER WELT

WO BERGE GÖTTER SIND

Im Herzen von Asien, wo die Gebirgszüge von Hindukusch, Pamir, Karakorum und Himalaya das höchste und größte Plateau der Welt umschließen, liegt das „Dach der Welt". Diese vier Gebirgsketten sind das Ergebnis gewaltiger tektonischer Vorgänge, die einst durch den Zusammenprall zweier alter Kontinentalmassen entstanden sind.
Die majestätische Pracht dieser Gebirgswelt ist von einer dramatischen Schönheit, die jeden Reisenden in ihren Bann zieht mit ihren imposanten Gletscherriesen, schneebedeckten Hochebenen, sandigen Bergwüsten und weiten Grasländern, unterbrochen von wilden Gebirgsschluchten und isolierten Tälern.
Ungeachtet der Unwegsamkeit und des Mangels an Ressourcen stößt man in dieser rauen Gebirgsszenerie immer wieder auf fruchtbare Oasen und liebliche Täler, wo Obst und Gemüse gedeihen, und wo die Weiler und Dörfer der verschiedensten Volksgruppen liegen.
Diese Region kann auf eine bewegte Geschichte zurückblicken. Alte Handelsrouten, wie etwa ein Zweig der legendären Seidenstraße, führten schon vor 2000 Jahren durch diese Bergwelt. Maultier- und Kamelkarawanen brachten Seide, Tee und Porzellan von China auf mühevollen Pfaden über hohe Pässe und durch wilde Schluchten in die Ebenen des indischen Subkontinents. Auf dem Tauschwege erhielten sie Gold, Elfenbein, Edelsteine und Gewürze.
Mit seinen 2500 Kilometern Länge schirmt der Himalaya das tibetische Hochland gegen den Monsuneinfluss von Süden ab und bildet eine Klimascheide. Die tibetische Seite des Himalayas liegt jenseits des Regenfeldbaus, und nur in den geschützten Bewässerungsoasen werden Gerste, Buchweizen und Kartoffeln angebaut. In diesen Regionen leben die Bauern in kleinen Gehöften aus getrockneten Lehmziegeln oder aus Steinen.
Die riesigen und fast menschenleeren Hochebenen über 4000 Meter sind die Weidegebiete der tibetischen Nomaden. Im westlichen Tibet, im trockenen, klimatisch aber extremen Changtang, wo im Winter die Temperaturen auf minus 40 Grad sinken können, leben friedliche Viehzüchter von ihren Yaks, Ziegen, Schafen und Pferden. Die weiten Grasländer und Steppengebiete im nordöstlichen und östlichen Hochplateau, dem „Wilden Westen" Chinas, sind die Heimat ehemals kriegerischer Nomadenstämme. In der alttibetischen Region von Amdo, die heute zur chinesischen Provinz Qinghai gehört, durchwandern die Golok mit ihren Herden streng abgegrenzte Weidegebiete. Die Golok waren in früheren Zeiten berüchtigt für ihre ausgedehnten Raubzüge, die Angst und Schrecken verbreiteten. In den Fünfziger- und

Der Reichtum mehrerer Generationen steckt in diesem Kopfschmuck einer Frau aus Leh, der Hauptstadt von Ladakh.

Felsritzungen mit buddhistischen Stupa-Darstellungen am oberen Indus, Nord-Pakistan.

Sechzigerjahren leisteten diese Nomadenstämme erbitterten Widerstand gegen den Einmarsch chinesischer Truppen. Südlich von Amdo ziehen die Khampa mit ihren Herden, bis vor kurzem noch ziemlich unbehelligt von der Außenwelt, durch die Provinz Kham, die heutzutage Teil der westchinesischen Provinz Sechuan ist. Die Khampa waren ebenfalls berühmt und berüchtigt wegen ihrer Tapferkeit und ihres Kampfesmutes; sie verdingten sich als gefährliche Räuber und hatten sich darauf spezialisiert, die Händler entlang der Teekarawanenroute zu überfallen. Diese Verhaltensweisen, die so gar nicht in das Schema vom friedlichen Buddhismus passen, gehören inzwischen längst der Vergangenheit an. Anderen Eigenschaften wie Genügsamkeit, Selbstlosigkeit und Gastfreundschaft sind sie bis zum heutigen Tag treu geblieben. Sie waren es auch, die den Dalai Lama bei seiner Flucht über die Grenze nach Indien geleiteten.
Obwohl die tibetischen Nomaden nur wenig materiellen Besitz haben, schmücken sie sich gerne mit kostbaren Materialien: schwere Halsketten aus Silber, prächtig verzierte Amulettkästchen, kostbare Türkise, rote Korallen, Kaurischnecken und Bernstein werden als Zierrat getragen. Schmuck gehört zur Mitgift und ist beliebtes Tauschmittel. Besonders auffällig ist der farbenprächtige Haarschmuck der Kham-Nomaden: sie flechten rote oder schwarze Bänder in das Haar ein und verzieren ihre Zöpfe mit Elfenbeinspangen und Silberornamenten. Die Männer tragen außerdem verzierte Schlagfeuerzeuge, Messer und Amulettbehälter als Gürtelschmuck.

Die Geschichte der Himalaya-Länder und ihre Besiedlung ist weitgehend von ihren extremen geographischen Gegebenheiten geprägt. Schon von alters her waren die steilen Berge des Himalayas, von den schneebedeckten Hängen bis zu den heißen Tiefebenen, das Siedlungsgebiet unterschiedlicher ethnischer Gruppen. Die Einwohner in den nördlichen, kalten Regionen von Nepal, Sikkim und Bhutan sind mongolische Völker tibetischen Ursprungs. Hoch oben im Himalaya siedeln am Fuße des Mount Everest die Sherpa, die Mitte des 16. Jahrhunderts aus Osttibet eingewandert sind. Sie sind die wahren Könige der Berge – ohne sie hätte kein westlicher Bergsteiger die höchsten Gipfel unseres Planeten erklimmen können. Viele Traditionen haben sich auch bei den halbnomadischen Yakhirten und Bauern in Mustang und Dolpo, im nordwestlichen Nepal, erhalten. Andere Stammesvölker, wie die Gurung und Magar im Westen oder die Tamang und Rai im Osten, gelten als tapfere Krieger und dienten als Soldaten in den so genannten Gurkha-Regimentern.
Vom Süden her drängten indo-arische Sprachgruppen, meist Angehörige von Hindu-Kasten, nach Norden und besiedelten die Täler des nepalesischen Hügellandes. Am Fuße des Himalayas, im feuchtheißen Terai, haben sich die Tharu niedergelassen, die einen faszinierenden Silberschmuck tragen. Im Kathmandu-Tal, wo verschiedene Ethnien und Religionsformen aufeinander trafen, entwickelten sich Zentren städtischer Kultur. Hier lebt das Volk der Newar, die als die besten Künstler und Handwerker im Himalaya gelten. Viele der edlen Schmuckstücke, die man vielleicht in einem fernen Tal zu Gesicht bekommt, stammen von den Newari.
Im Gegensatz zu Hindu- und Moslemfrauen haben die Frauen in der tibetischen Gesellschaft eine hohe Stellung und können sich in der Öffentlichkeit zeigen, ohne sich hinter einem Schleier verstecken zu müssen. Neben der monogamen Ehe war es früher in ländlichen Gebieten üblich, dass eine Frau zwei oder meh-

rere Brüder heiratete. Diese Sonderform der Ehe, die Polyandrie oder Vielmännerei, verhinderte eine Aufsplitterung des Bodenbesitzes und senkte außerdem die Geburtenrate. Der älteste Bruder wurde als der Vater sämtlicher Kinder betrachtet, der älteste Sohn erbte Haus und Land. Die Last der Arbeit wurde auf mehrere Familienmitglieder verteilt, allerdings konnte es dadurch auch zu einem Überschuss an unverheirateten Frauen kommen.

Trotz der Kargheit und Armut, die man häufig antrifft, ist es immer wieder verblüffend, welche Schätze die Frauen tragen. Neben der magischen Schutzfunktion des Schmuckes und seiner sozialen Aufgabe geht es aber vor allem darum, Wohlstand zur Schau zu stellen.

Bei allen Völkern Hochasiens kommt dem originellen und prächtigen Kopfschmuck besondere Bedeutung zu: Die Kalash Kafiren im Hindukusch tragen schwarze, mit Kaurischnecken verzierte Hauben, die buddhistischen Darden im Industal stecken Blumensträuße in ihre Kapuzen, die Ladakhi haben wahre Schatzsammlungen auf dem Kopf und bei den Kham-Nomaden sind Männer und Frauen gleichermaßen bekannt für ihren originellen Haarschmuck aus Türkisen, Korallen und Bernstein. Vielleicht hängen diese Schmucktraditionen damit zusammen, dass der Kopf als Sitz der Lebensenergie gilt, oder auch einfach damit, dass in einer Klimaregion, wo man sich fast das ganze Jahr über in dicke Mäntel hüllen muss, der Kopf der einzige Körperteil ist, den man sichtbar schmücken kann.

Alle diese Völker weisen in ihren künstlerischen Ausdrucksformen gemeinsame Merkmale auf, die aufs engste mit dem magisch-religiösen Weltbild verknüpft sind. Oft gibt es keine scharfen Grenzen zwischen den religiösen und ethnischen Gruppen, die hier friedlich nebeneinander existieren. Trotz der Vorherrschaft von Hindus und Buddhisten haben viele Elemente der vorbuddhistischen Bön-Religion sowie schamanistisch-animistische Traditionen überlebt. In schwierigen Lebenssituationen, bei Krankheiten, Prophezeiungen oder Dämonenaustreibung, wenden sich die Menschen an buddhistische Lamas oder Hindu-Brahmanen, aber vor allem an die örtlichen Schamanen.

Dort, wo eine Gottheit lebt, gibt es auch einen Dämon, lautet ein tibetisches Sprichwort. Die traditionelle Welt der Tibeter ist voll von überirdischen Mächten, die das Leben der Menschen positiv wie auch negativ beeinflussen. Jeder Mensch hat persönliche Schutzgeister, die sich in bestimmten Körperteilen oder auch in Gegenständen aufhalten. Gegen die ständige Bedrohung durch übelwollende Geister und Dämonen helfen archaische Rituale und magische Abwehrzeichen und Amulette. Im gesamten tibetischen Kulturkreis glauben die Menschen, dass bestimmte Materialien über eine höchst wirksame Magie gegen verschiedenes Unheil verfügen. So können bestimmte Steine einer Frau dazu verhelfen, schwanger zu werden, oder gute Geister freisetzen, die man sich dann dienstbar machen kann.

Viele Materialien, die für die Schmuckherstellung benötigt werden, kommen im Land vor. Silber wird in den Bergen abgebaut, Gold aus dem Indus gewaschen, Türkise werden auf tibetischem Boden gefunden. Kauris und Korallen mussten eingeführt werden und gelangten vom Indischen Ozean, Letztere sogar aus dem Mittelmeer, in die tibetischen Hochländer. Eine Rarität, die nur Magiern vorbehalten ist, repräsentieren Ritualgegenstände aus menschlichen Knochen. Bei bestimmten Zeremonien legen die Schwarzhut-Tänzer netzförmige Schürzen aus Menschenknochen an, um auf die Vergänglichkeit des Lebens hinzuweisen.

Besonders hochgeschätzt sind auch Gzi-Steine, die als Mittelsteine an Halsketten getragen werden und eine Schutzfunktion haben. Diese, meist walzen- oder zylinderförmigen Steine sind eigentlich geschliffene Achate, die schwarz- oder braun-weiße Streifenmuster aufweisen. Am wertvollsten sind solche mit kleinen Kreisen oder „Augen“, die als Abwehrzauber gegen Krankheit, Unheil und vor allem gegen den bösen Blick schützen.

Die Tibeter glauben, dass Gzi-Steine ursprünglich die bevorzugten Steine der Götter waren. Allerdings behielten diese nur die allerschönsten und warfen die restlichen auf die Erde. So sind einzelne Gzi-Steine immer wieder einmal von Bauern beim Pflügen gefunden worden, berichtet die Legende. Durch die starke Nachfrage wurden schon sehr früh Achate und Karneolen geschliffen und mit Säure geätzt. Manche alten Stücke sind aus einer Glassubstanz, deren Herstellung nicht mehr bekannt ist. Die zahlreichen neuen Imitationen, die in chinesischen und indischen Porzellanfabriken hergestellt werden, bestehen aus schwarzem oder weißem Siegellack. Nach dem Einmarsch der Chinesen flüchteten viele Tibeter nach Indien, wo sie den Großteil ihres Schmucks verkaufen mussten, um zu überleben.

Eine reiche Schmucktradition gibt es auch in den unwegsamen Hochgebirgstälern von Hindukusch und Karakorum. Hier lebt ein buntes Völkermosaik, das vor langer Zeit in die Berge ausweichen musste, und das sich heute überwiegend zum islamischen Glauben bekennen.

Bekannt geworden ist das Volk der Hunza, von dem es heißt, es kenne keine Krankheit. Es lebt in einem wunderschönen Tal im Karakorum und ernährt sich im Winter hauptsächlich von Fladenbrot, Gemüse und Trockenfrüchten. Die gesunde Ernährung und das mineralhaltige Wasser ihrer Flüsse haben wahrscheinlich dazu beigetragen, dass es unter den „Hunzakutz“, wie sie sich selber nennen, tatsächlich viele Hundertjährige gibt.

Eine interessante Volksgruppe im südlichen Hindukusch sind die Paschai, die als die ehemaligen Träger der so genannten Gandhara-Kultur angesehen werden. Obwohl strenggläubig sunnitisch, haben sich in ihrer Kultur vorislamische Elemente erhalten: Vorstellungen von spirituellen Wesenheiten und Seelenkonzeptionen, die sich nur zum geringsten Teil in das islamische Gedankengut einfügen; oder figurale und ornamentale Schnitzereien in der Hausarchitektur und an Grabdenkmälern.

Eine gewisse Berühmtheit erfuhren die Völker des Hindukusch auch durch ihr Äußeres, weil es unter ihnen gelegentlich Menschen gibt, die hellhäutig, blond und blauäugig sind. Einer Legende nach sollen sie die Nachkommen von Alexander dem Großen und seinen Heerscharen sein, die im vierten Jahrhundert vor Christus bis zum Indus kamen. Dem widersprechen allerdings historische Quellen, die aus der Zeit vor Alexanders Feldzug stammen, und in denen griechische Geschichtsschreiber von blonden Menschen im Hindukusch berichten.

In den schwer zugänglichen Talschaften im Hindukusch existierte eine Enklave, in der eine Volksgruppe lebte, die sich nicht zum Islam bekannte und archaischen Glaubensvorstellungen anhing. In den Augen der moslemischen Welt waren sie „Kafiren“, Ungläubige, die gotteslästerliche Idole verehrten, blutige Tieropfer und rituellen Feuerzauber betrieben und zu allem Überdruss noch Wein statt Wasser tranken.

Als 1896 der Engländer George Scott Robertson sein Werk „The Kafirs of the Hindu Kush“ publizierte, wurde die Welt erstmals auf diese einzigartige Kultur aufmerksam. Er beschrieb darin ihr vielfältiges Pantheon, ihre komplexe Rangordnung und die Verdienstfeste, die den Zweck hatten, Reichtum gegen Ansehen zu tauschen. Zudem dokumentierte er ihre faszinierenden Kunstwerke: die berühmten Reiterstandbilder, die hölzernen Tempel mit Säulenhallen und die großartigen Schnitzwerke, die Assoziationen an antike, graeco-buddhistische und islamische Traditionen erwecken. Die Silberschmiede stellten reichen Schmuck für die Häuptlinge her. Es ist geradezu ein Hohn der Geschichte, dass die Kafirenkultur in demselben Jahr, in dem sie für weltweites Aufsehen sorgte, ihren Untergang erleiden musste. Die afghanische Armee besiegte die Kafiren und zwang sie, sich dem Islam zu unterwerfen. Die alten Kunstwerke wurden fast vollständig vernichtet und ihr Gebiet hieß von nun an Nuristan, „Land des Lichts".

Im äußersten Nordwesten von Pakistan hat das kleine Volk der Kalash mit einer einmaligen Kultur und Naturreligion überlebt. Diese sind die letzten Kafiren des Hindukusch, die der Islamisierung entgangen sind und drei kleine Hochtäler in Chitral bewohnen, dem Gebiet in unmittelbarer Nähe zur afghanischen Grenze. Ihre Siedlungen liegen verstreut in den drei Tälern von Bumburet, Rumbur und Birir. Die stabilen, rechteckigen Häuser haben keine Fenster, nur eine kleine Öffnung, und sind oft an die Flanke eines Felsens oder Hanges gesetzt.

Trotz eines immer stärker werdenden Drucks von Seiten orthodox-islamischer Fundamentalisten in Chitral, hielten die Kalash bis jetzt an ihrer uralten Religion und angestammten Lebensweise fest. Sie sind Animisten, verehren ihre Ahnen und feiern mit Musik und Tanz ausgiebige Feste im Wechsel der Jahreszeiten. Die Kalash leben in engem Kontakt mit ihren Göttern, von denen es weibliche und männliche gibt; sie müssen ständig auf der Hut sein, um deren Gesetze und Tabus nicht zu verletzen. Eine besondere Bedeutung kommt dabei den Reinheits- und Unreinheitsgeboten zu, die ihre gesamte Lebensweise regeln. Wie viele andere Völker zwischen Hindukusch und Karakorum, glauben auch die Kalash an die Welt der Feen und Dämonen, die als Vermittler zwischen Göttern und Menschen fungieren. Im Duft brennender Wacholderzweige sollen sich die guten Feen aufhalten.

Es ist dies das Land der Legenden, wo auf den Gipfeln der Berge die Götter thronen und in verborgenen Tälern das Shangri-La und das Königreich Shamabala liegen sollen – jene geheimnisvollen Orte, wo den Menschen ein paradiesisches Leben erwarte. Sicherlich hatte Galen Rowell recht, als er schrieb, „das wahre Shangri-La ist nicht ein bestimmter Ort, den man besuchen kann, sondern ein Bewusstseinszustand, der in großen Teilen des Himalaya bereits verloren gegangen ist".

Der endlose Knoten spielt im Buddhismus eine große Rolle.

HUNZA

Rechts: Ein Wachturm in Altit, dem tausend Jahre alten Stammschloss der Fürsten von Hunza. Von hier aus kontrollierten sie die Handelsroute im Indus-Tal.

Oben: Auf den flachen Dächern des unterhalb der Festung gelegenen Dorfes werden Aprikosen zum Trocknen in der Sonne ausgelegt. In den Wintermonaten bilden diese Früchte, getrocknet oder gemahlen, ein wichtiges Nahrungsmittel.

KALASH-KULTPLÄTZE

Oben: Die zweigeschossigen Häuser, die aus mehreren Schichten von Holz, Steinen und luftgetrockneten Ziegeln bestehen, fügen sich an eine Bergwand. Hohlräume sind mit Kieselsteinen ausgefüllt, was sich als Schutz gegen Erdbeben bewährt hat.

Links: Männliche Ahnenfigur aus Zedernholz in der Nähe eines Friedhofs in Rumbur. Diese Skulpturen dürfen nur für Personen von hohem Rang nach ihrem Tod aufgestellt werden. Der Turban symbolisiert die Tapferkeit, die Halskette seinen Reichtum und seine Verdienste, die er durch großzügige Gaben an die Dorfbevölkerung erworben hat. Alte Skulpturen sind selten geworden, viele wurden gestohlen, da sie hohe Preise auf dem Kunstmarkt bringen.

Oben: Ein Heiligtum des Gottes Mahadeo liegt oberhalb eines Dorfes im Rumbur-Tal; vier holzgeschnitzten Pferdeköpfe, die aus einem Altaraufbau ragen, symbolisieren Mahadeos Anwesenheit. Im Hintergrund sind Zweige von Steineichen sichtbar, die als heilig gelten.

Rechts: Von einer Tempelplattform eröffnet sich ein Blick auf eine Siedlung im Rumbur-Tal. Im Vordergrund steht eine kultische Stele, die in Kerbschnitttechnik verziert ist.

GESICHTER VOM KARAKORUM

Oben: Ein moslemischer Darde aus Gilgit mit typischer Chitrali-Mütze. Die Dardvölker leben verstreut in Talschaften im Karakorum-Gebiet und sprechen eine indo-europäische Sprache.

Rechts: Zwei hellhäutige Kalash-Mädchen aus dem Bumburet-Tal tragen ihre traditionelle, schwarze Kleidung und Stirnbänder, die mit bunten Mustern bestickt sind. Eine schwere, eingekerbte Holztreppe verbindet die zwei Stockwerke des Hauses.

FESTLICHES MAKE-UP

Reich geschmückte Kalash-Mutter mit Gesichtsbemalung. Die Farbe ist eine schwarze Paste aus dem geriebenen und verbrannten Pulver eines Ziegenhorns und Wasser. Sie wird nicht abgewaschen, man lässt sie abblättern, da ihr ein magischer Abwehrzauber zugesprochen wird. Außerdem schützt sie die Haut vor der starken Sonneneinstrahlung.

KAFIRENMODE

Weiche Flaumfedern schmücken die Kupa, Zöpfe runden das Erscheinungsbild der mit Glasperlenketten festlich geschmückten Kalash-Frau ab. Ihre Kleidung ist mit Applikationsstickereien verziert.

IDENTITÄTSMERKMALE

Die verheirateten Frauen der Kalash tragen eine Kupa, eine schwere Haube, die über und über mit Kauris, bunten Knöpfen oder grellen, glitzernden Glasperlen verziert ist. Ohne diese Kopfbedeckung würde keine Frau das Haus verlassen, es ist das Zeichen ihrer ethnischen Identität. Die Kaurischnecken bedeuten Fruchtbarkeit, sie symbolisieren das Prinzip des Lebens und beschützen ihre Trägerin. Sie stammen ursprünglich aus dem Indischen Ozean und gelangten durch Tauschhandel in die Bergwelt. Ein Wollband dient als Stütze für die Kupa.

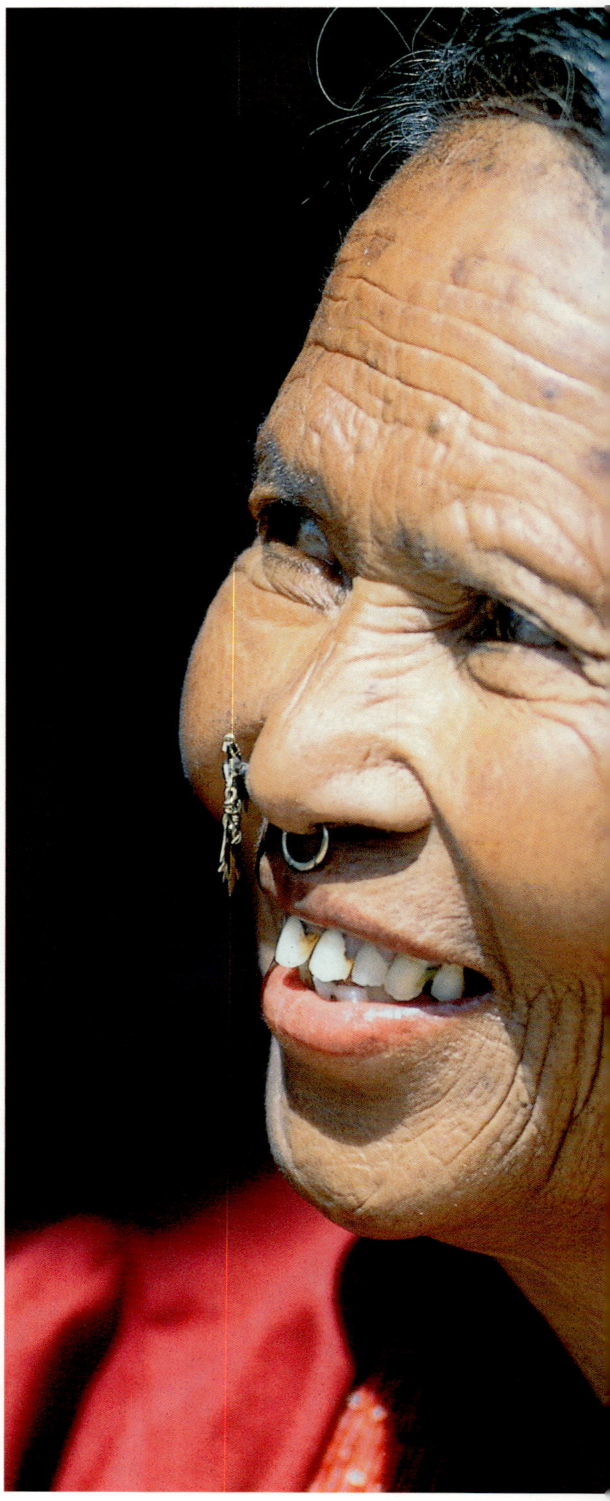

NASENSCHMUCK

Typisch für den Nasenschmuck der Frauen im Himalaya ist die Tragweise des Schmucks. Das Nasenseptum wird schon im frühen Kindesalter durchbohrt, oft verbunden mit feierlichen Zeremonien.
Links und rechts außen: Garwahli-Frauen aus dem indischen Himalaya.
Mitte: Tamang-Frau aus Zentral-Nepal.

STILVARIANTEN

Am Kopfschmuck der verheirateten Frauen im Lahoul-Tal, das zur indischen Provinz Himachal Pradesh gehört, erkennt man bereits den tibetischen Einfluss: Verheiratete Frauen tragen ein reich bestücktes Kopfband und am Hinterkopf in Gold gefasste Türkise, die ins Haar eingearbeitet werden.

Eine Frau der Drukpa aus der Dah-Hanu-Region, dem letzten Refugium der buddhistischen Darden in Ladakh, trägt eine Haube, die mit Silberschmuck und einem Blumen-Bouquet, das nur langsam verwelkt, geschmückt ist. Die Darden sind in Ladakh eine kleine Volksgruppe, die als einzige noch eine indogermanische Sprache verwendet.

PERAKS

Im Hochland von Ladakh, im westlichen Himalaya, tragen die Frauen einen einzigartigen Kopfschmuck, den Perak. Er besteht aus einem Band aus Leder und Filz, das mit rotem Stoff überzogen ist, und aus zwei weit abstehenden, angesetzten „Ohren" aus schwarzem Lammfell. Peraks sind wahre Schatzsammlungen und stellen die Mitgift mehrer Generationen zur Schau. Sie sind mit wertvollen Türkisen, Korallen und Amulettbehältern aus Gold oder Silber bestückt. Nicht umsonst leitet sich das Wort „Perak" von dem Begriff „per" ab, einer alten ladakhischen Bezeichnung für Türkis. Auf den Seiten baumeln kleine Amulettkästchen und Plaketten aus Silber im Haar der Frauen. Ergänzend wird Gold- und Silberschmuck am Hals getragen.
Von vorne betrachtet erinnert der Perak an eine Kobra, die sich mit gespreiztem Halsschild in Angriffstellung befindet. Auf dem Rücken sind etwa ab Schulterhöhe mehrere Reihen von Korallen-Perlenschnüre angesetzt, die den Schwanz der Schlange symbolisieren.
Die Kobra genießt in vielen Religionen Asiens wie auch im tantrischen Buddhismus hohes Ansehen, weil sie über die Schätze unter der Erde wacht, zu denen auch die kostbaren Türkise zählen. Peraks wurden früher immer von der Mutter auf die älteste Tochter bei deren Hochzeit vererbt. Leider sind große, alte Stücke heute schon sehr selten.

TÜRKISE UND KORALLEN

Im gesamten tibetischen Kulturkreis werden den Türkisen magische Kräfte zugeschrieben: Sie schützen vor bestimmten Krankheiten und dem bösen Blick, und sie hindern die Schattenseele daran, den Körper zu verlassen. Eine Türkisperle als Ohrschmuck getragen verhindert zum Beispiel, im nächsten Leben als Esel wiedergeboren zu werden. Außerdem verbreiten Türkise ein günstiges Omen und fungieren als Talisman.

Für die Tibeter symbolisieren Türkise das göttliche Blau des Himmels über dem Dach der Welt und den Gipfeln des Himalayas. Am meisten geschätzt werden Steine mit klarer, himmelblauer Oberfläche. Um diesen Effekt zu erreichen, werden sie so lange poliert, bis eine seidenglatte, himmelblaue Patina entsteht. Der natürliche Alterungsprozess des Türkis, der mit einem allmählichen Verblassen der Leuchtkraft einhergeht, wird von den Tibetern mit dem Leben und Tod beim Menschen verglichen. Lebendige Steine zeigen eine gesunde, hellblaue Farbe, hingegen sind tote Steine stumpf und dunkel. Deshalb bedeuten lebendige, helle Türkise langes Leben für Personen, die diese tragen.

Neben den Türkisen stehen rote Korallen ganz oben in der Gunst der Tibeter. Beide Schmuckelemente, das Rot des Feuers und das Blau des Himmels, werden häufig nebeneinander getragen. Korallen verheißen Reichtum und Schönheit, Türkise bedeuten Glück und Gesundheit.

STATUSSYMBOLE

Oben: Angehörigen des Adelstandes war es vorbehalten, bestimmte Schmückstücke zu tragen, wie den Ohrschmuck dieses Mannes aus Lhasa.
Rechts: Eine Frau aus Gyantse trägt zu festlichen Anlässen einen eigenwilligen Kopfputz, der früher für die Frauen des Landadels in der südlichen Provinz Tsang typisch war. Dieser besteht aus einem mit rotem Stoff überzogenen Holzgestell und einem halbkreisförmigen Bogen, der durch zwei breite Bänder von Glas- und Korallenperlen mit der übrigen Konstruktion festgebunden wird. Türkise und Bernstein verzieren das Kopfgerüst.

BROKPA

Frauen wie Männer tragen Filzmützen aus Yakhaaren mit fünf Zipfeln, die in dieser regnerischen und stürmischen Gegend als Regenrinnen dienen. Der Regen rinnt über die Zipfel ab und wird so vom Gesicht weggeleitet. Schmuck findet man fast nur bei Frauen. Er besteht aus schwerem Silber und Türkisen.
Die Ehe als Form des Zusammenlebens ist bei den Brokpa keine heilige Institution, sondern wird von wirtschaftlichen Beweggründen bestimmt. Die Polyandrie, bei der mehrere Brüder eine Frau teilen und mit ihr im selben Haushalt leben, wird der Monogamie vorgezogen. Aber auch die Polygynie, bei der mehrere Schwestern mit einem Mann verheiratet sind, wird akzeptiert. Dies kommt meist in Familien vor, in denen es nur Töchter und keine Söhne gibt. Der Hauptgrund für die Polyandrie liegt im Interesse an Gemeingut und Gemeinland der Familie.

GOLOK-NOMADEN

Die Unwirtlichkeit des Hochgebirgsklimas mit Temperaturen bis zu minus 40 Grad Celsius in den Wintermonaten prägte schon seit jeher die religiöse und dämonische Vorstellungswelt der Golok-Nomaden. Im Wirken mächtiger Himmelsgewalten erkennen die Tibeter ihre Götter und Dämonen. Für sie sind die Berge unantastbar und unbetretbar. Zu sehr fürchtet und verehrt man sie zugleich.
Das Lebensgefühl der Golok kommt aus den Urerfahrungen, die sie mit den Bergen und deren Unberechenbarkeit verbinden. Alles, was in ihrer Welt, der Welt der Berge und Hochebenen, passiert, fügt sich im Bewusstsein der Menschen zu einem geheimnisvollen, unentrinnbaren Ganzen zusammen.

LEBEN UND ÜBERLEBEN

Links: In einem Holzfass wird gekochte Milch zu Butter gestampft. Butter wird fast ausschließlich in Form von Buttertee, vermengt mit Schwarztee und Salz genossen.
Rechts: Zur täglichen Melkprozedur werden die Ziegen in jeweils entgegengesetzter Richtung am Kopf zusammengebunden. Dadurch können sie sich nicht bewegen und für die Nomadenfrau gestaltet sich das Melken viel einfacher.

AUGENWEIDE

Oben: Reich geschmückte Nomadenfrau aus Zentraltibet mit wertvollen Korallen und Türkisen und den hochgeschätzten Gzi-Steinen. Diese haben nicht nur eine ästhetische, sondern auch eine magische Schutzfunktion.

Rechts: Eine Golok-Frau aus der Steppenregion südlich vom Koko-Noor-See trägt einen prächtigen, tibetischen Mantel, der auf der Rückseite mit Silberschalen verschiedener Größe sowie mit Korallenperlen und Türkisen verziert ist.
Eine junge Frau der Golok flicht ihr Haar in 108 feine Zöpfchen, eine Zahl, die für tibetische Buddhisten eine mythische Bedeutung beinhaltet. Ihre Zöpfe werden mit Strähnen schwarzer Yakwolle verlängert und dann auf ein breites Band aufgenäht, das mit Türkisen und Korallen geschmückt ist.

ZOPFSCHMUCK

Links oben und rechts: Changtang-Nomaden mit rotem Kopfschmuck, der nur bei Hochzeiten getragen wird. Typisch für die Nomaden ist das Flechten der Haare in Zöpfe, die mit allerlei Schmuck verziert werden.

Links: Unabdingbar für den Festschmuck der Kampa-Frau sind Türkise und Korallen, die Feuer und langes Leben symbolisieren, sowie Silberspangen.

REISEALTÄRE UND AMULETTE

Das äußere Erscheinungsbild dieses Kampa spiegelt seinen sozialen Status und seinen Reichtum wider, der an seiner Viehherde, aber auch am edlen Brokatgewand sowie am Umhang aus dem Fell des Schneeleoparden gemessen werden kann. Eine Besonderheit sind die großen Altäre und Amulettbehälter, die auf den langen Pilgerreisen immer am Körper getragen werden. Durch rituelle Handlungen werden Gefahren abgewendet und das Wirken der überirdischen Mächte zum eigenen Vorteil genutzt.

Schutzsymbole sind von Region zu Region unterschiedlich und gleichzeitig Erkennungsmerkmal für die ethnische Zugehörigkeit. Frau aus Lithang mit wertvollen Amuletten aus Silber, die nur selten abgelegt werden. Sie sind das Kostbarste, was sie besitzt (linke Seite). Die großen Feste bieten die beste Gelegenheit, Zöpfe zu flechten und Zopfschmuck anzulegen (links und oben).

FESTE DES LEBENS

Egal ob bei Losar, dem tibetischen Neujahr, bei einem Tsechu, einem Klosterfest, oder bei einem weltliches Fest, die gelebte kulturelle Identität wird in tagelangen Zeremonialfesten mit hunderten Tänzern zum Ausdruck gebracht.

Vohergehende Doppelseite:

RITUELLE PERFORMANCE

Die zeremoniellen Tänze der Amdo-Frauen erinnern in ihrer Feierlichkeit an die Mysterienspiele der alten Religionen.

YAJI

Das Fest der Sommerfreude, Yaji genannt, wird von den Khampa-Nomaden nach dem Mondkalender festgesetzt und dauert meist ein bis zwei Wochen. Beliebt sind die Reitturniere, wo sich die tollkühnen Reiter in verschiedensten Wettbewerben messen. Horden bewaffneter Khampa reiten wild galoppierend an tausenden Zuschauern vorbei. Gewehre werden geladen und zum Anschlag gebracht. Das alte Bewusstsein, ein freier ungebundener Nomade zu sein, scheint noch voll in ihnen zu schlummern und nur einen Grund und vor allem eine Möglichkeit zu benötigen, um wieder hervorzubrechen. Reitern wie Pferden bereitet es sichtlich gleichermaßen Spaß, das Imponiergehabe nimmt bei den Reittournieren kein Ende. Schnaubend und stolz zugleich schreiten die Pferde erhobenen Hauptes an der jubelnden Menge vorüber. Die Vorstellung von alten Kriegern, die niemals besiegt worden sind, lebt wieder auf.

ASKETISCHE LEBENSFORM

Diese Novizen aus dem Kloster Punakha in Bhutan treten vielfach schon als kleine Kinder in ein Kloster ein. Meistens ist es der zweitgeborene Sohn, der eine religiöse Laufbahn einschlägt. Dahinter stecken aber oft wirtschaftliche Gründe, denn viele Familien können es sich nicht leisten, allen Söhnen eine Hochzeit zu ermöglichen.
Rechts: Nur ein Dasein, das aus Beten, Meditieren und Arbeiten besteht, schafft die Voraussetzung, das höchste Ziel, die Erleuchtung, zu erlangen. Dieser Mönch aus dem Kloster Dranang trägt die Kutte der Weltentsagung.

ORAKEL UND MAGIE

Links: Sonam Zangmo lebt ein paar Kilometer außerhalb von Leh, der Hauptstadt von Ladakh. Sie gilt als eine weise Frau und ist eine Orakelpriesterin, die im Rufe steht, Kontakte zu Geistern zu haben, die ihr helfen, Kranke zu heilen. Sie trägt zeremonielle Gewänder und eine fünfblättrige Krone, zu ihrer rituellen Ausrüstung gehören Schädeltrommel und Donnerkeil. Im Zustand der Trance saugt sie die Krankheit, die als eine materielle Substanz betrachtet wird, aus dem Körper.

Oben: Fadenkreuze mit Schädel als Abwehrzauber über dem Tor der Befestigungsmauer im Palast von Stock in Ladakh, die böse Geister bannen sollen. Das Fadenkreuz ist eine Geisterfalle, in deren feinem Gewebe sich die bösen Dämonen verfangen sollen, um dann verbannt zu werden.

BUTTERLAMPEN IM KLOSTER GYANTSE

Die Pilger füllen die Butterlampen täglich mit selbst gemachtem Butterfett auf. Das einfache Licht unterstreicht die Besinnung auf das Wesentlichste. Die Butterlampen werden mehrmals täglich dem Ritual des Butterlampenputzens und des Butterlampengebetes unterzogen.

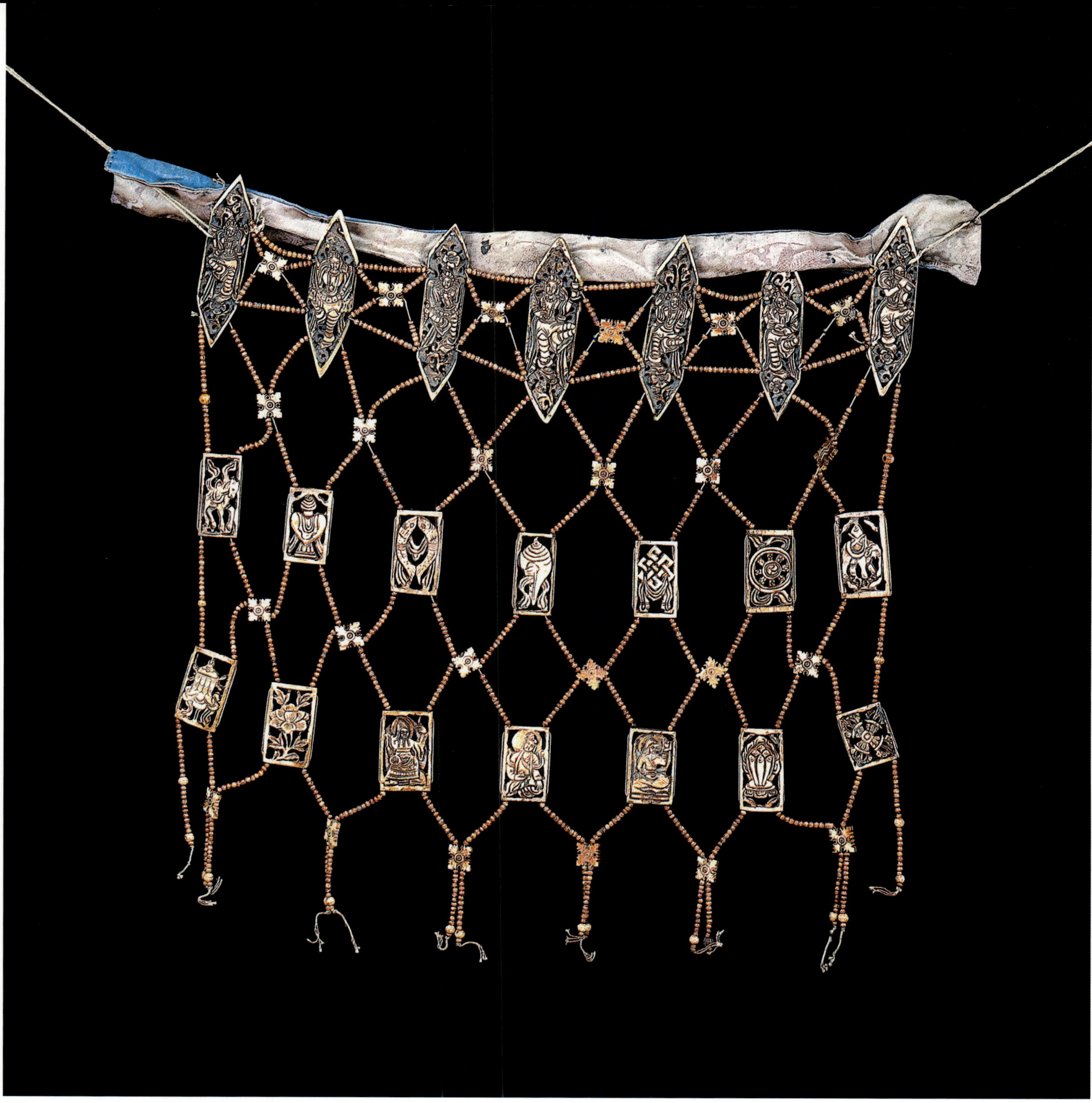

TIBETISCHER KNOCHENKULT

Im traditionellen Tibet werden religiöse Gegenstände häufig aus menschlichen Knochen, am besten von hochrangigen Lamas, geschnitzt. Dies soll die Gläubigen immer daran erinnern, dass alles irdische Leben auf Vergänglichkeit beruht. Die menschlichen Gebeine oder Bruchstücke davon werden von rituellen Spezialisten, den Yogis, an den Verbrennungsstätten oder Orten der Leichenzerstückelung aufgesammelt und zu Schmuck verarbeitet. Der Knochenkult, der in vielen Zeremonien des tibetischen Tantrismus eine bedeutende Rolle spielt, geht wahrscheinlich auf schamanistische Praktiken der vorbuddhistischen Bön-Religion zurück.

Eine besondere Kostbarkeit ist diese kunstvoll geschnitzte „Schürze" aus menschlichen Knochen, die ein Element eines mehrteiligen Knochenschmucks bildet. Diese filigranen Schmucknetze bedecken den ganzen Körper, neben dem erwähnten Gürtelbereich schließen sie Stirn-, Arm- und Fußornamente ein. Jedes Element zeigt Gottheiten und Radsymbole und besteht aus einer bestimmten Anzahl von Knochenperlen. Dieser Schmuck wird von den Schwarzhut-Magiern bei bedeutenden Zeremonien zur Vertreibung böser Geister getragen.

„Mir war als stünde ich an der Grenze des unermesslichen Raumes, in dem rätselhafte Welten von Ewigkeit zu Ewigkeit kreisen. Nur ein Schritt trennte mich von den Sternen, unter meinen Füßen fühlte ich, wie der Erdball, sich um seine Achse drehend, durch die Nacht des Weltenraums rollt."
Sven Hedin, schwedischer Asienforscher (1865-1952)

ZENTRALASIEN

NOMADEN UND SCHAMANEN

Seit Jahrhunderten leben die Nomaden Zentralasiens in Steppen, Wüsten und Hochgebirgen, welche zu den unwirtlichsten Lebensräumen unserer Erde zählen. Sie haben gelernt, in diesen Gegenden zu überleben, sich an die Natur anzupassen und ihr täglich das abzuringen, was sie zum Leben brauchen. Diese Beschränkung auf das Notwendigste, das ihr ganzes Leben prägt, macht es ihnen möglich, in ihrer Welt zu leben. Sie ziehen die Eigenständigkeit und Einfachheit ihres Lebens einem durch Abhängigkeit erkauften Reichtum vor.
So unterschiedlich wie die Landschaften Zentralasiens sind auch die kulturellen, religiösen und politischen Ausprägungen. Die in Zentralasien vorherrschende Religion ist der Islam, aber durch die regionale Nähe zur Seidenstraße und durch die große Völkerbewegungen sind die Stämme in dieser Gegend von allen Weltreligionen beeinflusst worden.

Von den heute etwa 2,5 Millionen Kirgisen sind nur wenige Familien der alten Tradition treu geblieben. Diese leben als Halbnomaden auf den weiten Hochebenen der näheren und weiteren Umgebung des hoch verehrten Bergmassivs Muztagh Ata. Die hier ansässigen Kirgisen zeigen in ihrem äußeren Erscheinungsbild leicht mongolische Merkmale: Sie sind groß gewachsen und von dunkler Hautfarbe, haben schmale dunkle Augen und stark hervortretende Backenknochen. Die Kleidung hat durch ihr wechselhaftes Schicksal sehr viele Veränderungen erfahren. Ein flaches, besticktes Käppchen, die Tjubeteika, wird direkt auf dem Haupthaar getragen. Darüber tragen Kirgisen allenfalls noch eine Filzmütze, die mit schwarzem Samt gefüttert ist, die Krempe wird nach oben geschlagen. Frauen tragen immer ein Kopftuch, das in bunten Farben gehalten ist.
Seit dem 17. Jahrhundert ist der Islam die Religion der Kirgisen. Die Führer des Islams verstanden es am besten, die alte Riten der Ahnenverehrung, den Glauben an Haus- und Naturgeister oder die Praktiken der Schamanen zur Krankenheilung und Wahrsagung in die Religion zu integrieren. Die Nähe der Seidenstraße und damit das Aufeinandertreffen mit anderen Kulturen führte dazu, dass es immer wieder andere Glaubensvorstellungen gab, in denen sich die Menschen gut aufgehoben fühlten. Entweder galt die religiöse Verehrung den Kräften der Natur, denen man ausgeliefert war, oder den Göttern jenseits des Sichtbaren, mit denen man durch Opfer- und Kulthandlungen in Verbindung zu treten suchte. In Zentralasien haben alle großen Weltreligionen ihre Spuren hinterlassen und die Länder und Menschen gründlich verändert.

Kamelkaravane am Fuße des Muztagh Ata.

Brustlatz und Haube der Baschkiren-Frauen.

Im Sommer leben die Kirgisen auf ihren Hochweiden in Jurten, Akoi genannt. In großem Kreise sind die Jurten mehrerer Familien aufgestellt, so dass eine kleine Siedlungsgemeinschaft entsteht. Eine zentrale Funktion in diesem System nimmt die Familie ein. In erster Linie ist sie Schutz und Vorsorge im Krankheitsfall sowie im Alter, sie bietet aber auch Hilfe und Unterstützung bei wirtschaftlichen Katastrophen. Sitten und Gebräuche, die sich bewährt haben, werden in der Familie gepflegt und weitergegeben.

Wird das doch eher gleichförmige Leben durch außergewöhnliche Ereignisse unterbrochen, nimmt selbstverständlich die gesamte Umwelt daran teil. So ist es eine alte Tradition, alle Leute der näheren Umgebung zum Fest der Beschneidung eines Knaben einzuladen. Durch die Liberalisierung, die Anfang der Neunzigerjahre einsetzte, und die den staatlich verordneten Atheismus beendete, werden wieder mehr Knaben mit diesem Ritus konfrontiert. Aber auch Hochzeit und Geburt sind Feste, zu denen alle Nachbarn und alle Freunde aus nah und fern kommen.

Bei allen Festen wird auf einem Komuz gespielt, einem dreisaitigen, einer Laute ähnlichen, schmalen Musikinstrument mit langem Griffbrett. Daneben stehen noch alle in der islamischen Kultur Zentralasiens üblichen Saiteninstrumente zur Verfügung, Flöten und vor allem Trommeln, wie etwa Nagora und Doira. Mit all diesen Instrumenten wird eine mündlich überlieferte Volksmusik gespielt, bei der es Zuhörer im eigentlichen Sinne nicht gibt, da alle durch Mitsingen, rhythmisches Klatschen oder Tanzbewegungen daran beteiligt sind.

Wenn eine von den Vätern initiierte Hochzeit stattgefunden hat, zieht die neue Schwiegertochter bei den Schwiegereltern ein und begibt sich in deren Obhut. Verheiratete Söhne und deren Kinder bleiben im Haushalt der Eltern oder stellen ihre Jurte neben der der Eltern auf. In der Familie kommt dem Vater die höchste Verehrung zu. Er vertritt die Familie nach außen und tätigt auch alle Geschäfte. Die Mutter ist in der Jurte und im Haus die Bestimmende.

Das Tier, das in der Kulturgeschichte der zentralasiatischen Völker den wichtigsten Platz inne hat, ist das Pferd. Seine Bedeutung für die Stämme kann gar nicht hoch genug eingeschätzt werden. Vor allem für die Mongolen war und ist es noch heute Lebensgrundlage, Prestigeobjekt und Freund. Diese kleinen, stämmigen und ausdauernden Pferde, an denen die Achtung und Liebe der Mongolen hängt, wurden schon immer in einem Atemzug mit den Mongolen genannt. Mongolische Pferde haben ein Stockmaß von höchstens 140 Zentimetern bei einer Körperlänge von etwa 150 Zentimetern. Das Durchschnittsgewicht eines gut genährten männlichen Tieres liegt bei etwa 350 Kilogramm.

Mensch und Tier bilden eine Einheit, die ihresgleichen sucht. Kleine Kinder sitzen noch bevor sie gehen können schon auf dem Pferderücken. Lachend erzählen die Mongolen von sich, dass sie leider über die Namen ihrer Urgroßeltern und Großeltern nicht so genau Bescheid wüssten, jedoch die Namen der Ahnen und Urahnen ihrer Pferde sowie deren Großtaten allen ein Begriff seien.

Mongolische Nomaden gehen nicht gerne zu Fuß und die Dsachtschin schon gar nicht. Neben der klassischen mongolischen Behausung, der Filzjurte, sind daher an einem Seil, das zwischen zwei Pflöcken gespannt ist, den ganzen Tag über Pferde angebunden, von denen mindestens eines immer gesattelt ist. So ist stets ein Pferd zur Stelle, um zu den Herden reiten zu können, falls etwa ein Notfall

schnelles Reagieren erforderlich macht. Alle übrigen Pferde weiden unbeaufsichtigt, bis sie eines Tages ausgewählt werden, um ihren Dienst für die Nomaden zu versehen. Reitpferde werden alle ein bis zwei Wochen ausgewechselt. Aufgrund der spärlichen Vegetation finden die Tiere, solange sie bei der Jurte bleiben müssen, nicht genug Futter und bauen ihre Kraftreserven rasch ab. Das Austauschen der Tiere stellt eine beliebte Abwechslung im Alltag dar. Meistens sind es die jungen Männer, die mit der Urga, einer langen Stange, an deren Ende eine Schlinge befestigt ist, hinausreiten, um ausgeruhte, kräftige Pferde aus der Herde auszuwählen.
Heute leben in der Mongolischen Volksrepublik etwa zwei Millionen Menschen und rund zweieinhalb Millionen Pferde – auf einer Fläche von 1,560.000 Quadratkilometern! Es ist somit eines der am dünnsten besiedelten Gebiete der Erde. In den unendlichen Weiten der Mongolei ist daher noch heute ein Leben ohne Pferd undenkbar. Sich auf sein Pferd verlassen zu können, ist vor allem eine Frage des Überlebens.

Schamane mit Trommel.

Bei allen Nomaden in der Mongolei wird vorzugsweise nur einmal am Tag, gewöhnlich am Abend, gekocht. Morgens und zwischendurch wird Milchtee getrunken. Dazu werden Milchprodukte oder die Reste vom Vorabend gegessen. Es ist dabei durchaus üblich, die kalten Fleischstücke oder auch kalten Käse in den heißen Milchtee zu tauchen.
Aus Stutenmilch – die Tiere werden nur den Sommer über gemolken – wird das überaus beliebte Getränk Kumiss hergestellt. Kumiss enthält etwa drei Prozent Alkohol, ist also ein leicht alkoholisches Getränk, das, wie die Mongolen behaupten, sehr gesund sein soll. Bei der Erzeugung wird die Milch in einen großen Ledersack, in dem Reste als Fermentierungsmittel zurückgeblieben sind, gefüllt und immer wieder schaumig geschlagen, bis der Gärungsvorgang abgeschlossen ist. Den ganzen Sommer über wird oft und viel davon getrunken.
Wesentlich hochprozentiger ist ein aus Sauermilch oder Joghurt hergestellter Schnaps, der Archi genannt wird. Für die Zubereitung wird Milch in einem einfachen Verdampfungsgefäß erhitzt, woraufhin der aufsteigende Dampf am Deckel kondensiert und in einen Topf rinnt. Nun wird der Inhalt dieses Topfes erhitzt und der Destilliervorgang wiederholt. Durch oftmaliges Wiederholen kann der Alkoholgehalt erheblich gesteigert werden. Der so entstandene Schnaps darf daher auch keinesfalls unterschätzt werden – er ist hochprozentig.

In vielen Lebensbereichen gleicht die Lebensweise der Dörvöt- jener der Dsachtschin-Nomaden. Ständiger Standortwechsel unter extremen Umweltbedingungen in einer Landschaft ohne Baum und Strauch ist für beide Gruppen ebenso charakteristisch wie das Leben in der Filzjurte und die traditionelle Bevorzugung von fünf Tierarten. Aber auch die Regeln des Alltagslebens sind die gleichen. Sie wurden in der Zeit der großen mongolischen Herrscher festgelegt und haben sich im Laufe der Zeit zwar verändert, jedoch sind sie in ihren Grundzügen noch immer für alle Nomaden in der Mongolei verbindlich. Das gilt für Geburt und Kindererziehung, Hochzeit und Tod ebenso wie für die strengen Verhaltensregeln in der Familie. Auch Kleidung, Nahrung und Essensgewohnheiten sind davon nicht ausgenommen.
Wie alle Nomaden beherrschen auch die Dörvöt die Kunst, sich den vorhandenen Bedingungen optimal anzupassen, beispielsweise ihre Tiere so auszuwäh-

len, dass sie einander aufgrund eines jeweils anderen Bedarfs das Futter nicht streitig machen. Daher variiert die Größe der Herde und richtet sich nach der jeweiligen Tierart und den äußeren Umständen. Wo Rinder nicht mehr genug Futter finden, können Schafe weiden, und Ziegen, die genügsamsten Herdentiere, können auf Plätze gebracht werden, die für andere Tiere nicht mehr ausreichend Futter bieten.

Die Dörvöt leben am Fuße des Altaigebirges in Höhen bis zu 3000 Metern, umgeben von schneebedeckten Bergen, und in den Ausläufern der Wüste Gobi. Hier können die Entfernungen bis zur nächsten Wasserstelle viele Kilometer betragen, und es muss etwa zwanzigmal im Jahr umgezogen werden. In der Mongolischen Volksrepublik gibt es rund 600.000 Kamele, womit das Land in der Kamelhaltung weltweit an dritter Stelle liegt. Der Ortswechsel geht mit diesen sanften zweihöckerigen Tieren relativ einfach vor sich, was unter diesen Bedingungen wesentlich ist.

Wann immer sich die Gelegenheit bietet, erweisen sich die Dörvöt und die Dsachtschin als echte mongolische Nomaden und zeigen, dass sie große Esser und vor allem große Trinker sind. Kumiss und Archi fließen bei jedem Besuch und erst recht bei jedem Fest in Strömen. Aufgrund des geringen Nahrungsmittelangebotes ist ihre Lebensweise jedoch verhältnismäßig einfach und sehr einseitig. Traditionell besteht die Nahrung im Sommer vor allem aus Milchprodukten, „weiße Speisen" genannt, und im Winter hauptsächlich aus Fleisch. Dazu kommen noch einige wenige wild wachsende Pflanzen, vor allem Lauch und Pilze, zudem werden Gerste und Weizen verwendet. Aus dem daraus hergestellten Mehlteig werden kleine Teigtaschen geformt, die mit Fleisch gefüllt oder ungefüllt im heißem Fett gebacken werden. Kleine, in Butter gebackene Kuchen werden für festliche Anlässe hergestellt.

Tee und Milchprodukte sind die Grundelemente der mongolischen Gastfreundschaft. Wer in eine Jurte kommt, wird sogleich mit Tee bewirtet. Er ist meistens schon fertig oder wird gerade vorbereitet. Dazu wird Käse in unterschiedlichen Reifestadien gereicht. Tee ist nicht nur das wichtigste Getränk, sondern auch Grundnahrungsmittel und Basis der Ernährung. Die Teeschale wird mit der rechten Hand überreicht, wobei die linke Hand den rechten Ellbogen unterstützt – eine Geste, die bei jedem Überreichen von Getränken zu beachten ist. Viele dieser Regeln stammen aus dem 13. Jahrhundert, der Zeit, in der die Völker der Mongolei erstmals mit dem tibetischen Buddhismus, dem Lamaismus mit dem Lama als Vermittler, in Berührung kamen. Im 16. Jahrhundert breitete sich der Lamaismus immer weiter aus und verdrängte die vorherrschende animistische Weltsicht durch den Glaube an Kräfte, die in der Natur wirken, und denen der Mensch ausgeliefert ist. Vor allem Feuer, Erde und Wasser wurden als Sitz dieser Kräfte wahrgenommen, welchen man in bestimmter ritueller Weise zu begegnen hatte. Schamanen sind die Vermittler zwischen dem Hier und der anderen Welt. Da sich der Lamaismus gut mit den alten Göttern und Bräuchen verbinden ließ, breitete er sich immer weiter aus. Wer wie die Dörvöt in einer Ehrfurcht gebietenden Natur lebt, versteht die Notwendigkeit, ihre Regeln einzuhalten. Denn sie geben nach wie vor Sicherheit und Halt.

Bronzezeitliches Felsbild in der nördlichen Mongolei. Die Plätze, an denen die Felszeichnungen zu finden sind, waren für den Vollzug von Ritualen bestimmt und stellen altertümliche Opferstellen dar.

Die Tsaatan sind traditionell Vollnomaden, deren Existenzgrundlage Rentierherden sind. Sie gehören dem Turkvolk der Tuva an. Ihre Zahl ist äußerst gering, man schätzt sie auf nur ungefähr achtzig Männer, Frauen und Kinder. Sie sind die letzten wahren Tuva – der Rest dieses Volkes, etwa 130.000 Personen, lebt in Russland in der autonomen Republik Tuva und hat die vollnomadische Lebensweise fast zur Gänze aufgegeben.
Die Tsaatan leben im Übergang der unwegsamen Gebirgswelt der Tundra zur Taiga, in etwa 2500 bis 3000 Meter Höhe, folglich in einem Lebensraum, der zu den unwirtlichsten der Welt gehört. Ihren heutigen Namen gaben ihnen die Mongolen, er bedeutet soviel wie „die, die Rentiere haben". Sie selbst nennen sich „Sojon-Uriangchaj". Als Hirtennomaden sind sie die Bewahrer einer uralten Tradition, die bis in die Bronzezeit zurückreicht. Ihr Weltbild lässt sie das Universum als eine lebendige Gemeinschaft begreifen, in der alle Wesen, sichtbare wie unsichtbare, miteinander in harmonischer Wechselwirkung stehen.
Die Tsaatan verstehen es, mit hohem ökologischen Bewusstsein, an die Natur optimal angepasst zu überleben. Ihre Lebensgrundlage und gleichzeitig auch ihr einziges Kapital sind die Rentiere. Diese liefern ihnen Milch, Käse, Fleisch, Leder und Knochen. Die Nahrung der Tsaatan besteht fast ausschließlich aus Milchprodukten, Beeren und Fleisch. Entgegen moderner ernährungswissenschaftlicher Erkenntnisse, überleben sie trotz einseitiger Ernährung. Sie ernähren sich von dem, was ihnen die Natur bietet. Die Rentiere finden die besten Weidegründe und liefern den Tsaatan Milch, die zu Joghurt und Käse verarbeitet wird. Diesen Zustand könnte man fast als eine Art Symbiose zwischen Tier und Mensch betrachten. Die Tiere dienen zudem sowohl als Lasttiere als auch zum Reiten.
Schneestürme und Temperaturen bis minus 45 Grad Celsius bestimmen den Winter, den die Tsaatankinder in Fellbekleidung gehüllt in den Jurten am Lagerfeuer verbringen. In dieser Jahreszeit gibt es nur wenig Platz zum Spielen. Erst das Frühjahr bringt ihnen die unbeschwerte Freiheit zurück. Tsaatan sehen ihre Kinder als Hoffnungsträger und Bewahrer ihrer Tradition an. Deshalb wird ihnen viel Zeit gewidmet und man liebt das gemeinsame allabendliche Spiel mit Tierknochen, die einerseits als Würfel und anderseits als Dominosteine verwendet werden. Wie bei vielen Steppenvölkern Zentralasiens ist es bis heute üblich, dass die Alten von ihren Kindern mitversorgt werden. In einer intakten Jurtengemeinschaft leben die Eltern mit zumindest einem ihrer Söhne. Oft reicht der Rentierbestand gerade aus, um sie zu mitzuversorgen.
Die Tsaatan wechseln alle zwanzig Tage ihren Lagerplatz. Nur während der kalten Wintermonate ziehen sie zu geschützten, niedriger gelegenen Stellen am Fuß der Berge oder in schmale Täler. Dort bleiben sie bis zu drei Monate lang an einem Ort. Nur so ist die Erhaltung des Viehbestandes möglich, denn die Tiere haben nicht nur mit den extremen Temperaturen unter dem Gefrierpunkt, sondern auch mit dem Futtermangel zu kämpfen. So folgen die Tsaatan auf der Suche nach neuen Tälern den Rentieren und machen Halt, wo die von den Tieren bevorzugten Moose und Pilze zu finden sind. Die einzigen Feinde der Tsaatan und ihrer Rentiere sind Schneeleoparden und Wölfe. Auf den ständigen Wanderungen versuchen die Nomaden immer wieder, diesen zu entkommen. Wander- und Jagdterritorien sind streng von denen anderer Familienclans abgegrenzt, so dass Streitigkeiten von vornherein ausgeschlossen werden können.

Hirschsteinstelen sind Steinobelisken mit bis zu vier Metern Höhe. Das „Gesicht" der Stele ist stets nach Osten ausgerichtet.

Kopfschmuck aus Eisen von einem mongolischen Schamanen.

Der Abbau der Zelte und das Verstauen der persönlichen Habe werden mit großer Umsicht erledigt. Der Ofen mit dem lebenswichtigen Feuer bleibt bis zum Aufbruch stehen, denn vor jedem neuerlichen Ortswechsel wird nochmals Tee getrunken. Das Feuer hat jedoch auch noch eine andere, viel wichtigere Bedeutung für die Tsaatan. Die Geister des Feuers vermitteln den Wunsch der Lebenden nach Gesundheit, Jagdglück und dem Schutz der Herde und stellen die Verbindung zu den Verstorbenen, dem Jenseits und den Göttern im Himmel her. Das Feuer ist das Element der Reinigung und schafft so Raum für neue Erkenntnisse und Gedanken. Das Familienoberhaupt wacht auch nachts über das wärmende und lebenserhaltende Feuer. Wurzeln, Flechten und Rentierdung dienen als Heizmaterial, das von Frauen und Kindern täglich neu gesammelt, Luft getrocknet und anschließend vor dem Zelt gelagert wird. Der Dung ist, entgegen anderer Annahmen, geruchlos und besitzt einen hervorragenden Brennwert.
Das materielle Gut der Tsaatan ist äußerst bescheiden. Entsprechend ihrer vollnomadischen Lebensweise besitzen sie nur so viel, wie man zum Überleben braucht: ein Zelt, einen Ofen, ein paar Töpfe, Felldecken zum Schlafen und ein Gewehr für die Jagd. Alles weitere wäre nur nutzloser Ballast, den man stetig mittragen müsste. Tsaatan finden es auch besser, sich nicht mit zu vielen Sachen auf einmal zu beschäftigen. Materialismus ist nicht ihre Welt. Sie sehen darin keinen Nutzen, schließlich muss alles immer wieder zusammengepackt und mitgenommen werden. Was braucht man auch mehr zum Leben, besser gesagt zum Überleben?

Als Mittler zwischen der realen und der jenseitigen Welt, zwischen Naturgewalten und Göttern, dienen den Tsaatan die Schamanen. Diese üben in der Gesellschaft mehrere Funktionen aus. Sie sind Heiler, Wettermacher, Wahrsager, Astrologen, Jagdbeschwörer und Zeremonienmeister. Jedem Schamanen – und natürlich auch jeder Schamanin – stehen persönliche Schutz- und Hilfsgeister aus der anderen Wirklichkeit zur Seite. Beim Tod eines der Sippenmitglieder begleitet der Schamane die Seele ins Jenseits. Adler gelten in der Vorstellung der Tsaatan als Verkörperung verstorbener Schamanen. Geister lieben das Schöne und so versucht der Schamane durch seinen Gesang und durch seine besondere Kleidung, die Geister herbeizurufen und mit ihnen Kontakt aufzunehmen. Im Zustand der Trance tritt der Schamane mit seinen Hilfsgeistern und den krankmachenden Dämonen in Kontakt, bis er sie schließlich mit seiner Trommel einfängt, um daraufhin die einen um Schutz und Hilfe zu bitten, und um die anderen unschädlich zu machen. Hilfe und Schutz werden sowohl für die Menschen erbeten, damit sie die kalte Jahreszeit unbeschadet überstehen und in ihren Traditionen weiterleben können, als auch für die Rentiere, damit sie den Schneeleoparden und Wölfen entkommen. Die westliche Medizin hat in dieser abgelegenen Gegend noch nicht Einzug gehalten. So übernimmt der Schamane die Funktion des Heilers. Werden von den Tsaatan Krankheiten materialisiert, versucht der Schamane, sie durch Gesänge und Zauberformeln aus dem erkrankten Körper zu verjagen.
Sowohl Männer als auch Frauen können zum erblichen Schamanen berufen werden. Die Anzeichen der Berufung sind in außergewöhnlichen körperlichen Merkmalen und in ungewöhnlichen Verhaltensweisen zu finden. Auch sprechen die Tsaatan von einer eigenen Schamanenkrankheit, die in der westlichen

Medizin oft mit Epilepsie verglichen wird. In erster Linie obliegt dem Schamanen die Aufgabe, die Seelen der Kranken mit Körper und Geist in Harmonie zu bringen und die Balance zwischen diesen wieder herzustellen. Die Heilung erfolgt zuerst auf spiritueller Ebene, erst in weiterer Folge werden therapeutische Maßnahmen beim Patienten durchgeführt. Die Erstellung einer Diagnose sowie eines Heilungsprogramms für den Patienten beenden die schamanische Sitzung. Heilungszeremonien können Stunden bis Tage dauern. Der Schamane hört nicht auf, ehe ein Erfolg eingetreten ist. Zu seiner Aufgabe gehört es aber auch, das Jagdglück und das Wohlergehen der Herde zu gewährleisten.

Das schamanische Weltbild der Tsaatan, das mit der Beseelung von Natur und Umwelt einhergeht, ist noch immer lebendig. Mit ihren Gesängen kommunizieren sie mit den Tieren sowie mit Wind, Donner, Regen und mit Naturgeistern. Die Tsaatan versuchen, Tierstimmen zu imitieren, wobei sie es zu einer erstaunlichen Meisterschaft gebracht haben.

Ihr animistischer Glaube personifiziert Naturkräfte, und so besitzen neben Tieren, Seen, Flüssen auch die Gestirne am Himmel eine Seele, die mit Respekt bedacht wird. Den Himmel sehen die Tsaatan als männlich an, denn er bringt Licht und Feuchtigkeit auf die Erde, welche ihrerseits als weiblich betrachtet wird, weil sie allem Lebenden Fruchtbarkeit und Nahrung schenkt. Jeden Tag bringen die Tsaatan der aufgehenden Sonne ein Milchopfer dar, wobei Milchtee in alle vier Himmelsrichtungen versprengt und der Rest ins Herdfeuer gegossen wird. Damit werden die Geister und Götter beschworen, den Tag erfolgreichen werden zu lassen und die Menschen und ihre Herden zu schützen.

KIRGISEN

In der Jurten-Siedlung ist Nachbarschaftshilfe eine Selbstverständlichkeit. Egal, ob es gilt, bei der Herdenhaltung des Nachbarn mitzuhelfen, einer in Not geratenen Familie beizustehen oder gemeinsam benützte Einrichtungen instand zu halten, immer hilft man einander. Normalerweise ist es der Älteste, der Alsakal, der Weißbärtige, wie er wörtlich übersetzt heißt, der die Tätigkeiten koordiniert, und den man auch um Hilfe bittet. Einer Aufforderung nach Hilfeleistung können sich die kirgisischen Nomaden nur schwer entziehen.

GROSSFAMILIE

Im Durchschnitt haben Eltern zwei bis vier Kinder. Zum Familienverband der Großfamilie zählen neben Kindern, Eltern und Großeltern auch alle unversorgten Angehörigen. Haben weggezogene Kinder Reichtümer angehäuft oder eine wichtige Position eingenommen, ist es für sie selbstverständlich, der Familie oder der Gemeinschaft, aus der sie kommen, hilfreich zur Seite zu stehen.

KAMEL-NOMADISMUS IN DER MONGOLEI

In den weiten, wasserarmen Gegenden der Wüste Gobi wird das Kamel oft als vollwertiger Ersatz des Rindes gehalten. Ein ausgewachsenes Tier erreicht ein Gewicht zwischen 500 und 800 Kilogramm. Bei den Dörvöt wird Kamelfleisch auch anstelle von Rindfleisch gegessen. Kamele werden, wie auch die Stuten bei den Dsachtschin, nach einem besonderen Rhythmus gemolken. Die Kamelmilch wird zur Erzeugung verschiedener Milchprodukte verwendet. Frischmilch wird nur als Heilmittel, vor allem bei Gallen- und Leberleiden eingenommen. Auch Kamele werden nur einen bis maximal zwei Monate im Jahr gemolken und kehren dann wieder zu ihrer Herde zurück.

KUMISS UND FILZ

Oben: Aus Stutenmilch – die Tiere werden nur den Sommer über gemolken – wird das überaus beliebte Getränk Kumiss hergestellt. Kumiss enthält etwa drei Prozent Alkohol, ist also ein leicht alkoholisches Getränk, das, wie die Mongolen behaupten, sehr gesund ist. Die Milch wird bei der Erzeugung in einen großen Ledersack, in dem Reste als Fermentierungsmittel zurückgeblieben sind, gefüllt, immer wieder schaumig geschlagen, bis der Gärungsvorgang abgeschlossen ist. Stutenmilch wird auch als Heilmittel eingesetzt, sie hilft unter anderem gegen Tuberkulose, wirkt gegen Lungenerkrankungen und bei Erkrankungen des Magen-Darm-Bereiches. Die Verarbeitung der Milch sowie das Melken der Tiere ist ausschließlich Frauensache.

Links: Eines der wichtigsten selbst erzeugten Produkte ist der Filz. Das Grundmaterial für die Filzherstellung ist Schafwolle, die mit Pferdehaaren vermengt wird. Auf einer großen, aus mehreren Teilen bestehenden Lederhaut werden Wolle und Haare aufgelegt und mit viel Wasser angefeuchtet, darüber kommt eine Deckschicht, der so genannte Mutterfilz. Das Ganze wird über eine lange Holzstange gerollt und mit Lederriemen fest verschnürt. An den Enden der Stange hängen lange Lederriemen, die von zwei Reitern an den Satteln ihrer Pferde befestigt werden. Nach stundenlangem Rollen wird das Paket geöffnet, wieder werden Wolle und viel Wasser beigemengt, ein neuer Walzvorgang beginnt. Diese wird so lange wiederholt, bis die von den Erzeugern gewünschte Qualität erreicht ist. Filz dient vor allem zum Decken der Jurte und, in Form eines Teppichs, auch als Bodenbelag. Außerdem werden eine Reihe von Gebrauchsgegenständen aus Filz hergestellt, zum Beispiel Decken, Sattelpolster, Taschen, Schuhe oder Filzmatten für die Reise. Sind Dsachtschin mehrere Tage unterwegs, begnügen sie sich in der Regel mit einer Filzmatte als Wind- und Regenschutz oder als Unterlage, wenn sie die Nacht unter freiem Himmel verbringen.

URGA

Meistens sind es die jungen Männer, die mit der Urga, einer langen Stange, an deren Ende eine Schlinge befestigt ist, ausreiten, um ausgeruhte, kräftige Pferde aus der Herde auszuwählen. Geschickt umkreisen sie die Herde und entscheiden sich bald für ein Tier. Das Pferd versucht zu fliehen und rast davon. Aber einer der jungen Nomaden treibt sein Pferd noch mehr an, erreicht das davonjagende Tier, und schon legt er die Urga um dessen Hals. Die Schlinge zieht sich nicht zu, sondern bremst nur den Lauf des eingefangenen Tieres. Die anderen, die ebenfalls herbeigeeilt sind, haben dem Tier in bewundernswerter Schnelligkeit Sattel und Zaumzeug übergeworfen und fixiert. Einer der jungen Männer schwingt sich sofort in den Sattel und beginnt, dem Tier seinen Willen aufzuzwingen. Sind alle benötigten Pferde eingefangen, beginnt für die bisher als Reittiere verwendeten Pferde wieder die Zeit der völligen Freiheit.

TSAATAN

Die Jurte der Tsaatan gleicht dem Zelt der nordamerikanischen Indianer, allerdings besitzen sie den Vorreiter des klassischen Tipi. Das Urts – so wird ihre Jurte genannt – ist mit Leder, Fellen und Filzen, teilweise auch mit Birkenrinde bedeckt und durch junge Fichtenstämme gestützt. Jeweils drei Stämme werden zu einer Pyramide zusammengestellt und am oberen Ende mit Lederbändern verbunden. Daran werden die restlichen Stangen im Kreuz zueinander gelegt. Nicht besonders dicht, aber widrigen Umweltbedingun-

gen standhaltend bietet das Urts vier bis sechs Personen Schutz und Wärme. Auf prunkvolle Eingänge, wie sie bei vielen anderen Nomadenstämmen der Mongolei zu finden sind, wird verzichtet Ein Teil der Zeltplane wird einfach umgeschlagen und mit einem Seil gegen den Wind gesichert. In der Mitte befindet sich ein kleiner Ofen, in dem das Feuer brennt, das die nötige Wärme zum Überleben verströmt.

Das Reiternomadentum entwickelte sich dank der Erfindung des Sattels in Zentralasien. Ganz in der großen Tradition der Reiternomaden werden auch von den Tsaatan die Rentiere gesattelt.
Schneestürme im Winter mit Temperaturen um minus 45 Grad Celsius, das erwartet Tsaatan-Kinder, wenn sie auf die Welt kommen. Aber nicht nur das, sondern auch ein Wanderleben, bei dem alle paar Wochen die Zelte abgebrochen werden und man sich wieder einmal auf Wanderschaft begibt. Man folgt den Rentieren zu neuen Weidegründen.

Oben: Die Lebensgrundlage der Tsaatan sind die eigenen Herden. Sie liefern ihnen Fleisch, Milch für die Käseerzeugung, Häute und Knochen für Aufbewahrungsbehälter und Werkzeuge.

Rechts oben: Das Familienleben findet stets rund um die Jurte statt. Aber Mußestunden gibt es nur am Abend, und das ist die Zeit, wo alle ermattet von den Anstrengungen des Tages im Kreise der Familie Entspannung suchen. Erlebnisse, Geschichten und Gesänge aus vergangenen Zeiten prägen die Kommunikation des Abends.

SCHAMANEN

Der gleich bleibende Rhythmus der „Dunger", der großen Trommel, versetzt die Schamanen in Trance, in der sie mit lauter Stimme die Götter um Schutz bitten. In diesem Trance- bzw. Ekstasezustand kann der Schamane den eigenen Körper verlassen und in das Reich der Seelen reisen, um dort mit guten Geistern, Ahnen, aber auch Dämonen über das Heil und Wohl der Menschen zu verhandeln. Bedeckt von einem schweren Mantel, geschmückt mit bunten Bändern und Metallblättchen, versehen mit einer Mütze mit Adlerfedern als Kopfschmuck tanzt und singt der Schamane, um die Hilfsgeister herbeizulocken. In der Jurte eines Schamanen befindet sich im nördlichen und zugleich vornehmsten Teil ein Altar, an dem an einer Schnur aufgereihte Stoffbahnen hängen. Auch Ongons, das sind Ahnengeister in Form kleiner Puppen aus Stoff und Fell, befinden sich hier. Von ihnen erhält der Schamane die Kraft zum Heilen. Je zahlreicher und mächtiger die Ongons sind, umso mächtiger ist auch der Schamane. Der Altar wird nur für die schamanische Seance aufgehängt und anschließend wieder sorgfältig zusammengerollt und weggepackt.

„Wir schmücken uns und stecken uns Blumen ins Haar, damit unsere Seele sich freut und nicht zu den Ahnen entflieht. Sonst müssen wir sterben."
Aussage eines Sakuddai von der Insel Siberut, Mentawei, aus dem Film „The Sakkudai" nach dem Text von Reimar Schefold

INSELN DER ZEIT

DER MALAYISCHE ARCHIPEL

Die südostasiatische Inselwelt erstreckt sich beiderseits des Äquators von den Philippinen bis Indonesien und bildet eine Brücke zwischen dem Indischen und dem Pazifischen Ozean. Die gewaltige Ausdehnung des Archipels und seine geographische Zersplitterung zeigt viele Gesichter: auf Borneo und Sumatra gedeihen tropische Regenwälder und Mangrovensümpfe, auf den südöstlichen Sunda-Inseln gibt es Trockengebiete mit Busch- und Graslandschaften, auf Bali, Java und Luzon prägen kunstvoll angelegte Reisterrassen das Landschaftsbild, und zahlreiche, aktive Vulkane setzen immer wieder gewaltige tektonische Kräfte frei. Der größte Archipel unserer Welt war seit alters her ein Schnittpunkt der Kulturen und die Heimat von Völkern, die bereits in prähistorischer Zeit aus Ostasien und Südostasien eingewandert sind. Aufgrund ihrer geographischen Lage wurde die Inselwelt Schauplatz einer bewegten Geschichte – frühe Hochkulturen und wohlhabende Reiche existierten lange vor dem Eintreffen der Europäer.

Alte Handelsrouten, die auf dem Seewege den Archipel durchkreuzten, verbanden die alten Kulturzentren in China, Vietnam, Indien und Arabien. Bereits in der Bronzezeit beeinflusste die Dongson-Kultur, benannt nach einem Fundort im vietnamesischen Tongkin, die Kunstformen Indonesiens. Neben den Techniken der Metallbearbeitung verbreitete sich ein reicher Ornamentstil, der in abgewandelter Form auf einigen Inseln bis heute nachwirkt. Sein charakteristisches Merkmal ist die gleichmäßige Aufteilung einer Fläche in geometrische, kurvilineare Stilisierungen. Diese Verzierung, vor allem durch Spirale und Mäander, entwickelte sich zu einem Leitmotiv der indonesischen Ornamentik.
In der Folge erwies sich der malayische Archipel mit seinen Tausenden von Inseln als ein fruchtbarer Boden, auf dem die großen Religionen der Welt Fuß fassen konnten. Die frühen Hochkulturen wurden durch den Hinduismus und Buddhismus geprägt, die jahrhundertelang harmonisch neben- und miteinander existierten. Der Islam, heute die bei weitem dominierende Religion, drang von allen Seiten auf friedliche Weise in die Inselwelt ein. Schließlich kam auch das Christentum ins Land, hauptsächlich im Gefolge von Händlern aus Holland und Portugal, die auf der Suche nach den Gewürzinseln waren. Aus diesem Grund befinden sich

Geschmückte Schädeltrophäe der Dayak.

die ältesten christlichen Gemeinschaften auf den östlichen Inseln; während der Kolonialzeit verbreitete sich das Christentum jedoch über den gesamten Archipel.
Schon sehr früh entwickelte sich ein Austausch an Handelsgütern, vor allem in jenen Gebieten, die den übers Meer kommenden Einflüssen am leichtesten zugänglich waren. Von den Küsten, wo hauptsächlich Malayen und Chinesen leben, verbreiteten sich kulturelle Einflüsse ins Landesinnere, und exotische Waren aller Art kamen bereits im ersten Jahrtausend unserer Zeitrechnung in Umlauf. Selbst im Inneren Borneos – in den Langhäusern isoliert lebender Stämme, die nur unter großen Strapazen zu erreichen sind – stößt man immer wieder auf altes Porzellan und Tonkrüge, die über viele Generationen vererbt wurden. Die chinesischen Händler, die mit ihren großen Dschunken die südostasiatische Inselwelt erkundeten, brachten Seide, Bronzeobjekte, Glasperlen, Münzen und wertvolle Keramikgefäße, die von den alteingesessenen Völkern besonders geschätzt wurden. Im Tausch dafür erhielten sie Rhinozeroshörner, Kolibrifedern, Bernstein, Tierfelle oder die kostbaren Schnäbel des Nashornvogels, deren Wert sogar den von Elfenbein übertraf. Schließlich galten auch damals schon die Nester der Mauersegler, einer höhlenbrütenden Vogelart, als wertvollstes Handelsgut. Diese so genannten Schwalbennester, die unter Lebensgefahr gesammelt werden, spielen auch heute noch für die jagenden und sammelnden Punan eine große wirtschaftliche Rolle. Die Chinesen schätzen vor allem den Speichel, den die Vögel beim Nestbau verwenden, als Delikatesse und Aphrodisiakum ersten Ranges.

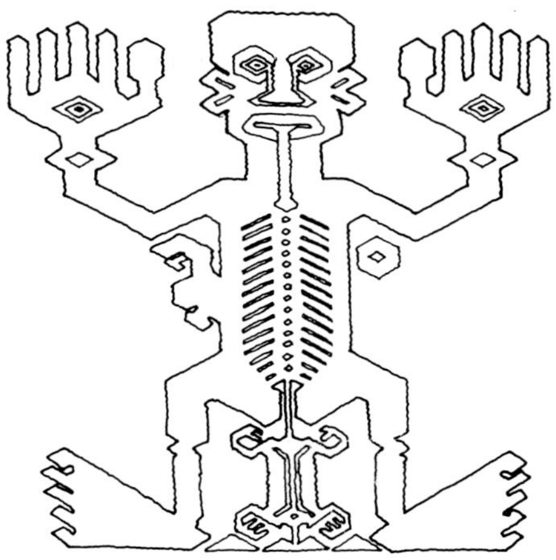

Stilisierte Figur als Motiv auf einem Ikat-Gewebe von der Insel Sumba.

Der südostasiatische Archipel mit seiner bemerkenswerten kulturellen und religiösen Vielfalt ist auch die Heimat zahlreicher ethnischer Gruppen, die nur oberflächlich von Hochkulturen beeinflusst wurden. Das gemeinsame Verbindungsglied dieser altmalayischen Stammesvölker ist ein animistisches Weltbild, das inzwischen in unterschiedlichem Ausmaß von islamischen und christlichen Glaubensinhalten verdrängt, überlagert oder integriert worden ist. Fast alle ethnischen Gesellschaften in Indonesien folgen dem Adat, dem traditionellen Wertesystem, das die Etikette und soziale Verhaltensnormen vorschreibt. Auf den Sunda-Inseln, die östlich von Bali liegen, ist es etwa genau geregelt, wer wen heiraten darf, welche Heiratsgeschenke in Frage kommen und wie hoch die Mitgift ist. Die Eheschließungen beinhalten gewisse Rechte und Pflichten, die von ökonomischer, sozialer und religiöser Bedeutung sind. Die rituellen Tauschbeziehungen, die zwischen den Frauen-Gebern und Frauen-Empfängern entstehen, verzahnen die Gemeinschaften.
Manchen Ethnien ist es gelungen, den Spagat zwischen neuer Religion und angestammter Lebensweise, zwischen Allah und Adat, zu bewältigen: So pflegen die streng moslemischen Minangkabau im westlichen Sumatra weiterhin ihre alte, matrilineare Gesellschaftsform, wo die Mütter das Sagen haben. Auch die überwiegend christianisierten Toraja auf Sulawesi oder die Toba-Batak in Sumatra, von denen es manche bis in höchste Ränge von Verwaltung und Regierung gebracht haben, zelebrieren noch oft die alten Riten. Andere jedoch haben die hereinbrechende Flut an Veränderungen nicht verkraftet und ihre Vitalität und kulturelle Identität eingebüßt. Einzelnen Splittergruppen wiederum ist es gelungen, sich auf abgelegene Inselbereiche zurückzuziehen, und so viele Elemente ihrer angestammten Lebensweise zu erhalten.

In ihrem künstlerischen und rituellen Schaffen haben die altmalayischen Volksgruppen wahre Meisterwerke hervorgebracht, die von spirituellen und symbolischen Inhalten durchdrungen sind: filigrane Schnitzereien aus Vogelschnäbeln, Elfenbein, Hirschgeweih, Meeresmuscheln, Bronzeobjekte, Gold- und Glasperlenarbeiten sowie die farbenprächtige Bildsprache indonesischer Textilkunst haben höchste Bewunderung hervorgerufen.
Die Handwerker und Künstler genießen auch heute noch hohes Ansehen. In alten Zeiten ging man bei manchen Stämmen davon aus, dass die großen Meister ihres Faches von einem Hilfsgeist beseelt seien, der ihnen für die Fertigung ihrer Werke überirdische Kräfte verlieh.
„Dayak" ist ein Sammelname für verschiedene Volksgruppen in Borneo, die früher als Kopfjäger gefürchtet waren. Sie wohnen in stabilen, auf Pfählen errichteten Langhäusern, die sie mit großflächigen Malereien schmücken, und deren Eingänge kunstvoll geschnitzte Totempfähle bewachen. In den bis zu 300 Meter langen Holzkonstruktionen, unter deren Dach ein ganzes Dorf Platz findet, hat jede Familie ein eigenes Abteil. Auf der als Dorfstraße fungierenden Veranda schlafen die Junggesellen und finden die großen zeremoniellen Feste statt. Ihre wirtschaftliche Grundlage ist der Bodenbau, Reis die wichtigste Nutzpflanze. Leider zeichnet sich, besonders bei den Iban, eine immer stärker werdende Tendenz ab, die alten Langhäuser zu Gunsten eines anderen Lebensstils aufzugeben. Viele wohnen lieber in schnell errichteten Baracken und überlassen ihre Langhäuser den Touristen.
Zu den bedeutendsten Stämmen gehören die Iban, Kayan und Kenyah, die ein ausgeprägtes Gespür für künstlerische und musikalische Ausdrucksformen entwickelt hatten. Sie stellten ihren eigenen Schmuck aus Bronze und Messing her und schmiedeten kunstvolle Schwerter, die der Enthauptung dienten. Die einzelnen Dayak-Gruppen haben sich durch ihre handwerkliche Spezialisierung einen Namen gemacht. Die Frauen der Iban erreichten einen hohen sozialen Status, fast vergleichbar mit dem eines Kopfjägers, durch das Weben von heiligen Ikat-Textilien. Die Bahau vom Mahakam-Fluss schnitzten die schönsten Schwertgriffe aus Hirschhorn, und die Ngaju sind für ihre geschnitzten, figuralen Pfahlplastiken bekannt.
Ein typisches Merkmal der Dayak-Kunst ist das ornamentale Gestalten von Flächen und das plastische Verzieren von Gegenständen. Die Kayan und Kenyah in Zentralborneo sind berühmt für ihren kurvilinearen Dekorstil, der von abstrakten Spiralen und Schnörkeln bis zu flächendeckenden Mustern aus Gesichtern und Figuren reicht. Als Leitmotiv der Ornamentik taucht immer wieder die stilisierte Darstellung des Asu auf, eines spirituellen Mischwesens mit dem Körper eines Hundes und der Schnauze eines Drachens, manchmal auch in Form eines Hundes und einer Wasserschlange. Der Asu gilt als das Symbol der Unterwelt und hat die Aufgabe, Unheil und böse Dämonen fernzuhalten. Andere wichtige Motive sind die Darstellung von Lebensbaum und Nashornvogel als Symbole der Oberwelt.
Auch die Ornamentik auf der Haut spielt bei vielen Stämmen eine große Rolle. Tätowierungen zeigen den sozialen Rang und besondere Leistungen an. Bei den Iban durften sich Männer nach einer erfolgreichen Kopfjagd mit bestimmten Mustern tätowieren, während Frauen sich auf dieselbe Weise den Arm schmückten, wenn sie besonders schöne Zeremonientücher hergestellt hatten. Aber auch wichtige Ereignisse aus dem Leben oder Erfahrungen im Traum werden von

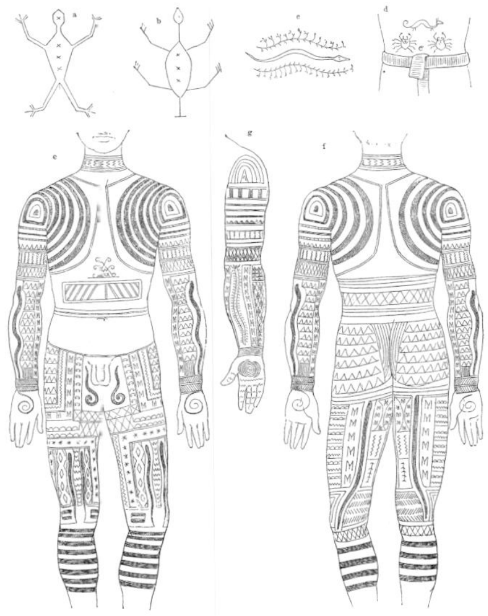

Tätowierung der Igorroten, Luzon, Philippinen.

Korb eines Dayak-Kopfjägers mit daran hängendem halben Schädel.

Tattoo-Künstlern im Rahmen einer rituellen Handlung in die Haut geritzt. Dabei kommt es vor allem darauf an, den eingeritzten Motiven magische Kräfte zu verleihen, um den Träger vor Unheil zu schützen. Die Muster werden durch Stempel oder frei aufgetragen. Die adeligen Frauen bedecken Schultern, Kinn, Hände, Arme, Beine und Füße mit feinen abgestimmten Tattoos, die Männer Wangen, Brust, Hüfte und Beine. Neben der Verschönerung des Körpers liegt der Anlass des Tätowierens in dem Glauben, dass, so Hofinger 1957, „nur Tatauierte sich im Jenseits mit ihren Familienmitgliedern vereinen können, denn je dunkler der Körperschmuck, desto heller erstrahlt der Verstorbene".
Es gab auch noch andere Formen von Körperverzierungen, die eine dauernde Veränderung des Aussehens mit sich brachten. Weitverbreitete Schönheitsideale waren das Durchbohren der Ohrläppchen oder die kosmetische Behandlung von Zähnen, die mit speziellen Werkzeugen zugespitzt, abgeschliffen oder ausgeschlagen wurden. Auch das Einfärben galt als attraktiv, denn nur böse Hexen haben in den Vorstellungen mancher Inselvölker weiße, lange Zähne. Zahninkrustationen mit Goldplättchen waren aus dem alten Java und aus Bali bekannt. Eine besondere Form der Körperdeformation sei noch erwähnt: Bei den Dayak war es üblich, das männliche Glied zu durchbohren, um einen kleinen Pflock einzuführen, der beim Koitus als Reizmittel diente.
Das rituelle Erbeuten von Köpfen war im gesamten Archipel verbreitet. Für viele Völker in Borneo, Sulawesi, aber auch auf Ceram oder den Kleinen Sunda-Inseln hatten Kopfjagd und Menschenopfer magisch-religiöse Gründe. Im Mittelpunkt des Interesses stand nicht der Kopf, sondern die Tötung eines Menschen. Ein Schöpfungsmythos weist auf den Zusammenhang von Tod und Fruchtbarkeit hin und erklärt die Bedeutung der Kopfjagd: Eine Gottheit wurde getötet und aus ihren zerstückelten Körperteilen entstanden die ersten Nutzpflanzen. Den erbeuteten Köpfen wurden übersinnliche Kräfte zugesprochen, die Pflanzen und Menschen Fruchtbarkeit verleihen würden. Deswegen bildete die regelmäßige Erbeutung von Köpfen eine notwendige Voraussetzung, um das Wohlergehen der Gruppe zu garantieren. Darüber hinaus hatte dieser Brauch auch die Funktion, Blutrache zu nehmen und alte Rechnungen zu begleichen, die oft von vorhergehenden Generationen stammten.
Früher konnte bei den Dayak ein junger Mann erst heiraten oder an bestimmten Zeremonien teilnehmen, wenn er einen erbeuteten Kopf vorweisen konnte. Zu diesem Zweck wurden periodische Kopfjagdexpeditionen unternommen. Dabei spielte es keine Rolle, ob die Tötung im Kampf oder aus dem Hinterhalt heraus erfolgte. Dem Opfer wurde der Kopf mit dem Schwert vom Hals abgetrennt und im Triumphzug nach Hause getragen. Krieger wurden besonders gekleidet, geschmückt und durften bestimmte Tattoo-Motive verwenden. Die Schädel wurden dekoriert und im Langhaus aufbewahrt. Kopfjagden gab es bis zum Beginn des 20. Jahrhunderts.

Die Punan sind das letzte Naturvolk, das in den schwer zugänglichen Regenwäldern im Herzen Borneos lebt. In kleinen Gruppen durchstreifen sie die Dschungelgebiete, sammeln das Mark der Sagopalme, gehen auf die Jagd und betreiben Fischfang. Das Sammeln von Produkten des Regenwaldes, die sie an Händler verkaufen, ist eine wichtige Einnahmequelle.
Alles, was sie an materiellen Gütern brauchen, muss leicht sein. Am meisten schätzen sie die alten Perlen, die oft den Wert einer gesamten Mitgift darstellen.

Die Punan gelten als die größten Experten in der Verarbeitung von Rotan, einer extrem zähen Lianenart, die hunderte Meter lang wird und sich mit ihren Widerhaken an allerlei Gehölz festklammert. Sie stellen daraus feinste Flechtarbeiten, prächtige Körbe und wundervolle Schlafmatten her, die in ganz Borneo begehrt sind. Ihre sesshaften Nachbarn, die Kayan, sollen ihnen als Anerkennung für ihre Flechtkunst sogar eigene Lieder komponiert haben.
Die Punan haben seit Urzeiten vom Wald gelebt, ohne ihn auszubeuten. In den letzten Jahren hat aber die gnadenlose Abholzung der Wälder Borneos den Menschen die Lebensgrundlage genommen.

Auf den abgelegenen Mentawei-Inseln westlich von Sumatra im Indischen Ozean leben kleine Stammesgruppen von Sago-Anbau, Fischfang und Jagd. Hier hat sich bis in unsere jüngste Zeit eine animistische Steinzeitkultur erhalten, die darauf ausgerichtet war, ein Gleichgewicht zwischen Mensch und Natur zu wahren. Bevor die Männer auf die Jagd gingen, haben die Schamanen die Seelen der Tiere angerufen, um sie um Verzeihung zu bitten und sie zu versöhnen. Sie haben ein besonderes Empfinden für Schönheit, sie tragen Schmuck, damit sich ihre Seele wohl fühlt. Inzwischen ist aber diese einzigartige Kultur durch rücksichtslosen Kahlschlag auf den Inseln und den Druck der lokalen Behörden in Bedrängnis geraten. Die kunstvollen Gemeinschaftshäuser sind fast vollständig verschwunden, muslimische Händler und Polizisten zwangen die Schamanen der Sakuddai zur Arbeit auf den Plantagen, um sie an der Durchführung ihrer rituellen Aufgaben zu hindern.
Die Missachtung der traditionellen Stammeskulturen ist auf den indonesischen Inseln allgegenwärtig. Der Zwang zur Konformität verursacht wirtschaftliche Abhängigkeit und Verbitterung. Sie müssen sich eine islamische Kopfbedeckung oder ein christliches Mäntelchen umhängen, um nicht weiter marginalisiert zu werden. Den christlichen Missionsgruppierungen, den moslemischen Eiferern sowie der indonesischen Regierung ist es inzwischen weitgehend gelungen, die traditionellen Stammeskulturen aus den Angeln zu heben.

Darstellungen von Geisterfiguren, Dayak, Borneo.

NOMADEN DES MEERES

Schon seit Jahrhunderten segeln die Badjao durch die Gewässer der Sulu-See zwischen den Inseln von Mindanao, Sulawesi und Borneo. Sie gehören zu den letzten Orang Laut, den Meeresmenschen, die früher im gesamten Archipel anzutreffen waren. Fast ihr ganzen Leben verbringen sie auf den Planken ihrer Hausboote und nur in seltenen Fällen, etwa zum Trocknen ihrer Fische, ziehen sie sich kurzfristig auf ihre Pfahlbauten zurück, die sie auf Korallenbänken über dem seichten Meer mitten im Ozean errichten.

SAKKUDAI – MENSCHEN IM REGENWALD

Vorhergehende Doppelseite: Nur wenige Sakkudai leben noch traditionell von der Jagd, weil ihr Lebensraum auf den Mentawai-Inseln durch Kahlschlag und Rodung bedroht wird.

Links und rechts: Vorbereitungen für ein Schamanenritual sind ein wesentlicher Bestandteil für die Aufrechterhaltung des Gleichgewichtes zwischen Mensch und Natur.

EINGEWEIDEBESCHAU

Links: Vor wichtigen Entscheidungen befragt der Schamane ein Orakel durch Eingeweidebeschau. Einem getöteten Huhn oder Schwein wird dazu der Darm herausgenommen; Das Bindegewebe dieser Organe gibt Aufschluss über die Art einer Erkrankung oder über den Ausgang einer geplanten Jagdexkursion.
Oben: Ein Trommelrhythmus begleitet die rituellen Handlungen.

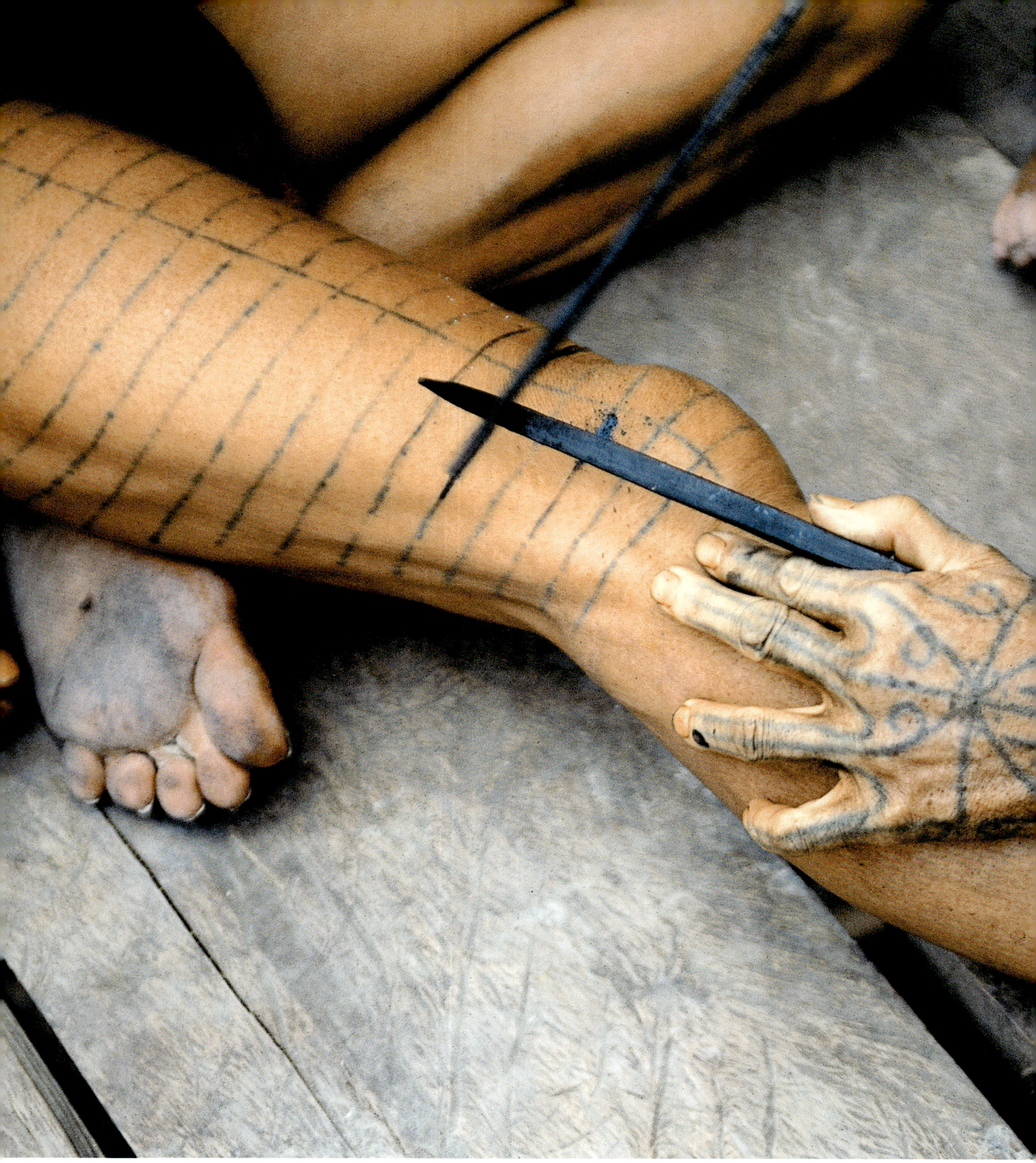

GESCHMÜCKTE KÖRPER

Bei den Mentawei-Insulanern gehören die Tätowierungen der Haut zu den faszinierenden Ausdrucksformen des Körperschmucks, der die Kleidung ersetzt.
Mit scharfen Bambusspitzen wird der aus Pflanzen gewonnene Farbstoff von Meistern der Tätowierkunst unter die Haut getrieben. Die Motive werden von Generation zu Generation weitertradiert. Die Mentawei-Insulaner unterziehen sich dieser schmerzhaften Prozedur, um ihren Schönheitsanforderungen gerecht zu werden. Die Tattoos, die im Laufe von Jahren aufgetragen werden, haben aber nicht nur ästhetischen Reiz, sondern besitzen auch Amulettcharakter: Sie schützen vor Krankheit und Unheil. Allerdings wurden Tattoos inzwischen von der indonesischen Regierung verboten.

Rechts: Ein tätowierter Mann fügt eine neue Jagdtrophäe an die Bambuswand des Gemeinschaftshauses. Tierschädel sollen das Jagdglück sichern.

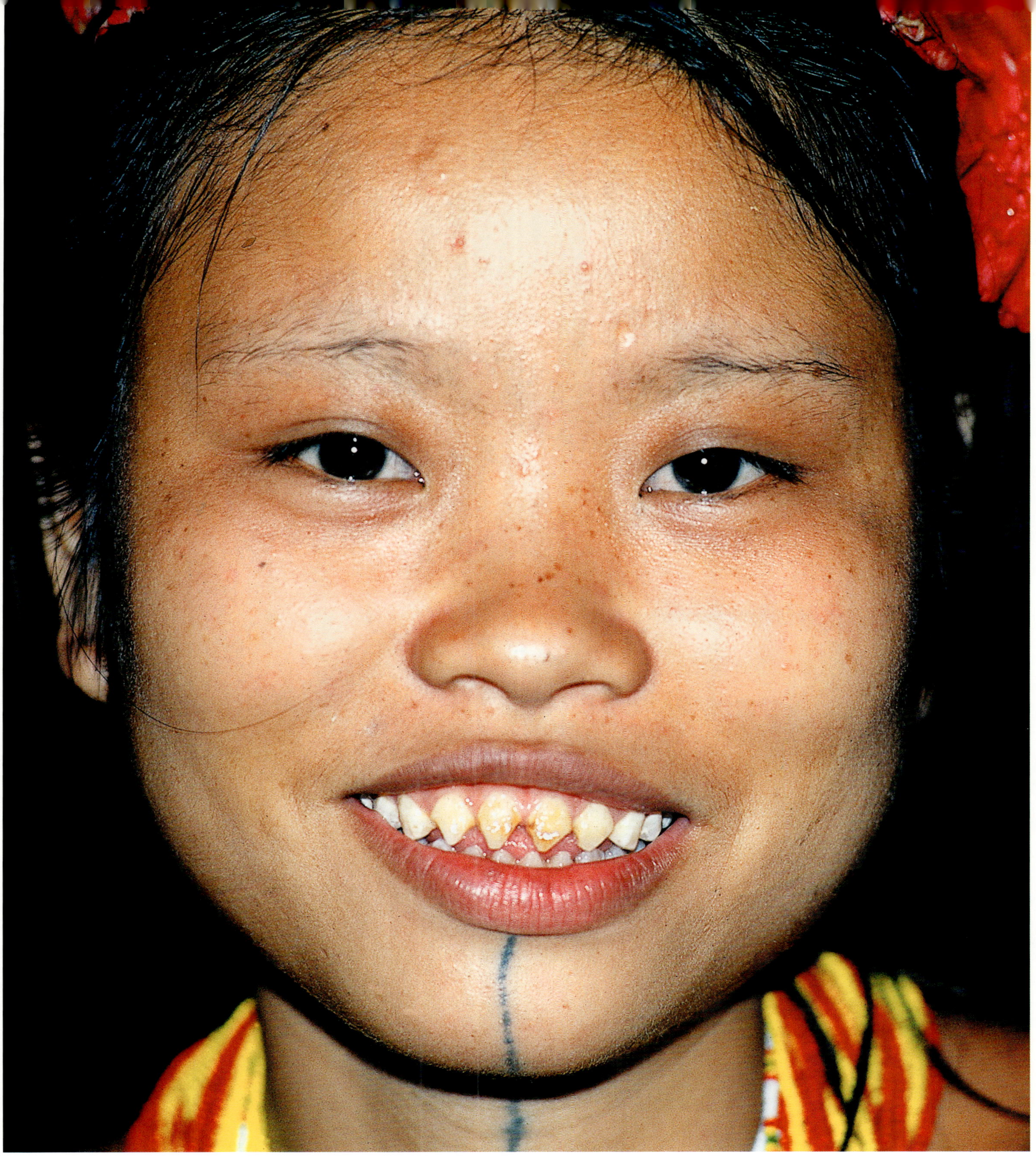

SCHÖNHEIT MUSS LEIDEN

Ein weiteres Schönheitsideal der Sakkudai-Frauen besteht aus dem Zuspitzen des Zahnschmelzes. Die schmerzhafte Prozedur erfolgt mit Hilfe von Schlagstock und Stemmeisen.

DIE MYTHEN LEBEN

In den animistischen Vorstellungen sind Menschen und Tiere, die materielle und die spirituelle Welt, zu einem komplexen Geflecht verbunden.

Oben: Die Schädel von Schweinen, Affen sowie geschnitzte Vogelfiguren zieren das Dachgebälk einer Uma, eines traditionellen Hauses der Mentawei-Insulaner. Die Jagdtrophäen sollen die Geister der getöteten Tiere besänftigen und zukünftigen Jagderfolg sichern.

Links: Eine stattliche Anzahl von Büffelhörnern schmückt eine Säule, die das vorspringende Dach eines Toradja-Hauses stützt. Die Fassade dieses Tongokan genannten Zeremonialhauses im Hochland von Sulawesi ist mit feinem, kurvilinearem Dekor und Bilderzeichen verziert. Büffelhörner symbolisieren Prestige und Wohlstand, sie waren früher die Embleme der Kopfjäger. Die mit einem Schwerthieb geopferten Wasserbüffel haben die Aufgabe, die Seelen der Verstorben ins Reich der Ahnen zu geleiten.

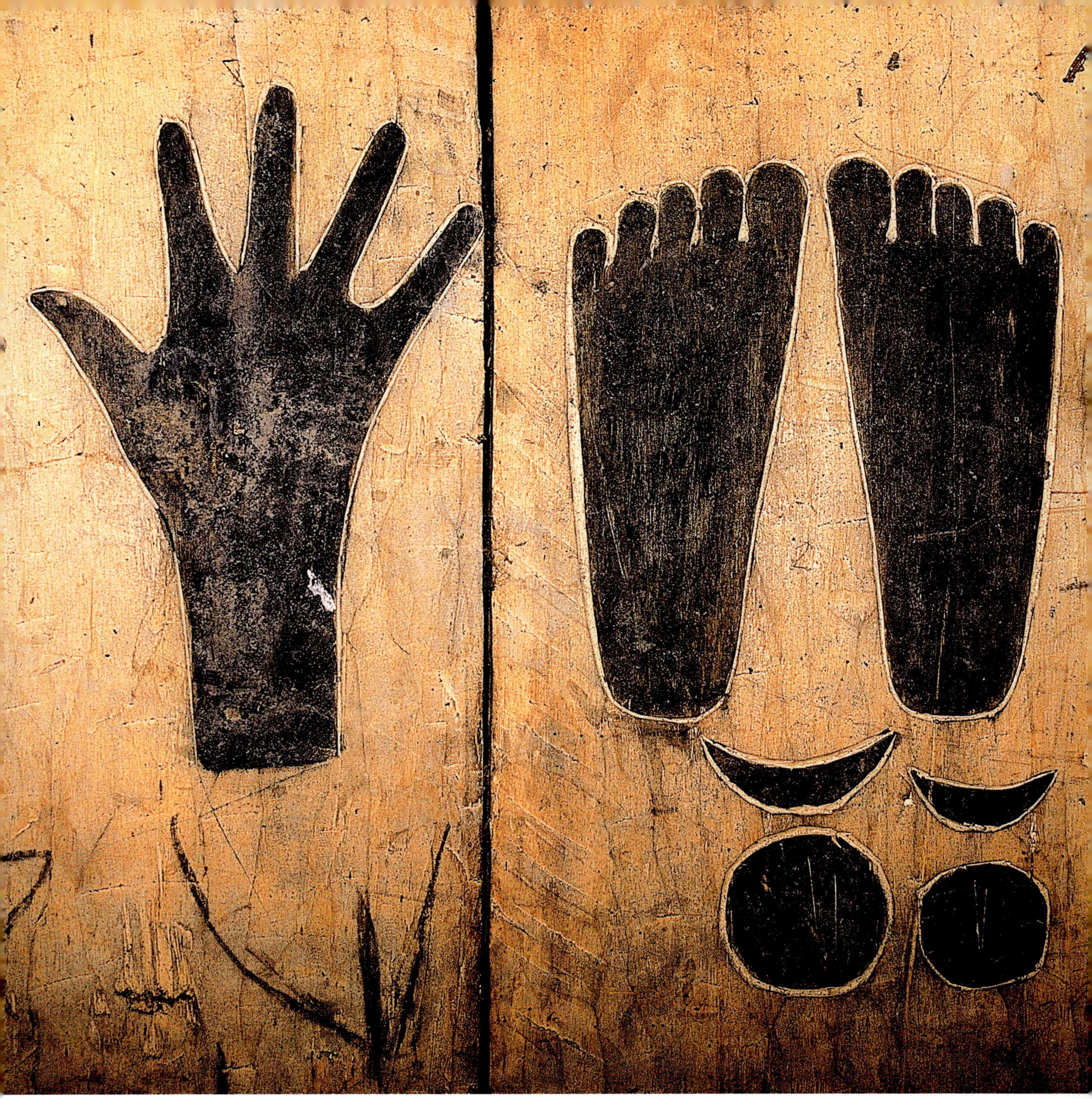

TOD UND KULT

Kirekat-Erinnerungszeichen in einer Uma der Sakkudai. Dabei werden einem Verstorbenen die Hände und Füße mittels eines Sago-Blattes als Umriss abgenommen und auf eine Hauswand kopiert. Das Hausbrett, welches immer mit eingeritzten Händen, Füßen und Monden ausgestattet ist, dient als Erinnerungszeichen an verstorbene Vorfahren.

WANDORNAMENT EINES TORAJA-HAUSES AUF SULAWESI

Die Pfahlbauten der Torajas sind auf Steinsockeln errichtet und wahre Wunderwerke der Baukunst. In die Giebelwände sind Tiermotive und geometrische Muster geschnitzt. Wandmalereien sind in den heiligen Farben weiß, rot, gelb und schwarz gehalten. Das Haus gilt als Symbol des Universums und ist immer von Nordosten nach Südwesten ausgerichtet. In diesen beiden Himmelsrichtungen liegen in der Kosmologie der Toraja die Reiche der Vorfahren. Je nach sozialem Status des Hausbesitzers richtet sich die Art und Ausprägung des Schmuckes. Beim Bau dieser traditionellen Häuser wird kein einziger Nagel verwendet.

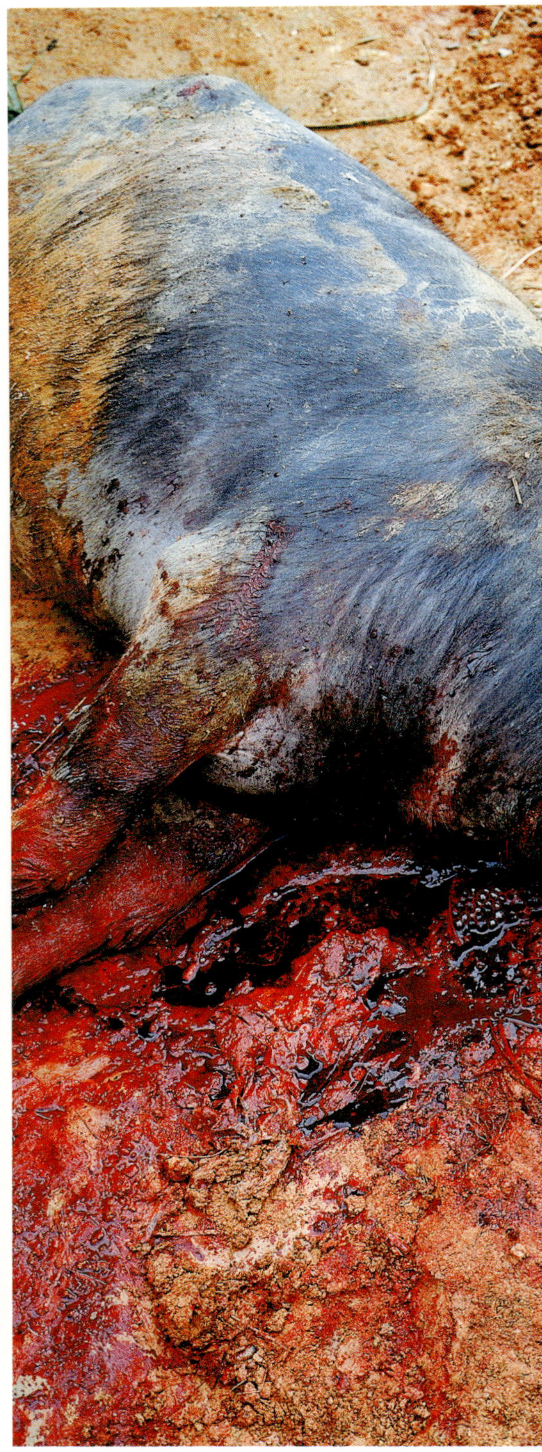

TIEROPFER

Links und Mitte: Bei den Toradja gehören neben Schweinen auch Wasserbüffel zum Leichenschmaus. Die Schweine werden von den geladenen Trauergästen als handlich verschnürte Geschenkpakete herbeigeschleppt. Die aufwendigen Verpflichtungen, die eine Totenfeier mit sich bringt, führen oft zum finanziellen Ruin einer Familie.

Rechts: Ein geschmückter Wasserbüffel wird bei einem Totenritual in Sumba mit einer Eisenlanze getötet. Büffel spielen in vielen indonesischen Stammeskulturen eine wichtige Rolle als Opfertiere, Statussymbole und mythologische Wesen.

KOPFJAGD

In den religiösen Vorstellungen der Dayak bildete der Tod und das Sterben die Voraussetzung für die Entstehung neuen Lebens. Kopfjagd und Menschenopfer standen in direkter Beziehung zu pflanzlicher und menschlicher Fruchtbarkeit. In einer mythischen Überlieferung wird von einer weiblichen und männlichen Gottheit berichtet, die getötet und zerstückelt wurden. Aus ihren Köperteilen entstanden daraufhin die ersten Nutzpflanzen und Kulturgüter der Menschen.

Oben: Schädeltrophäen steigerten das Ansehen des Besitzers, speicherten die Lebensenergie, brachten Glück und spendeten Fruchtbarkeit. In entlegenen Gebieten werden sie auch heute noch im Dachgebälk des Langhauses aufbewahrt. Geräucherte Schädel in Körben aus Rotan-Geflecht; Iban-Dayak.

Rechts und nächste Doppelseite: Schädeltrophäen mit Schnitzornamenten; Dayak.

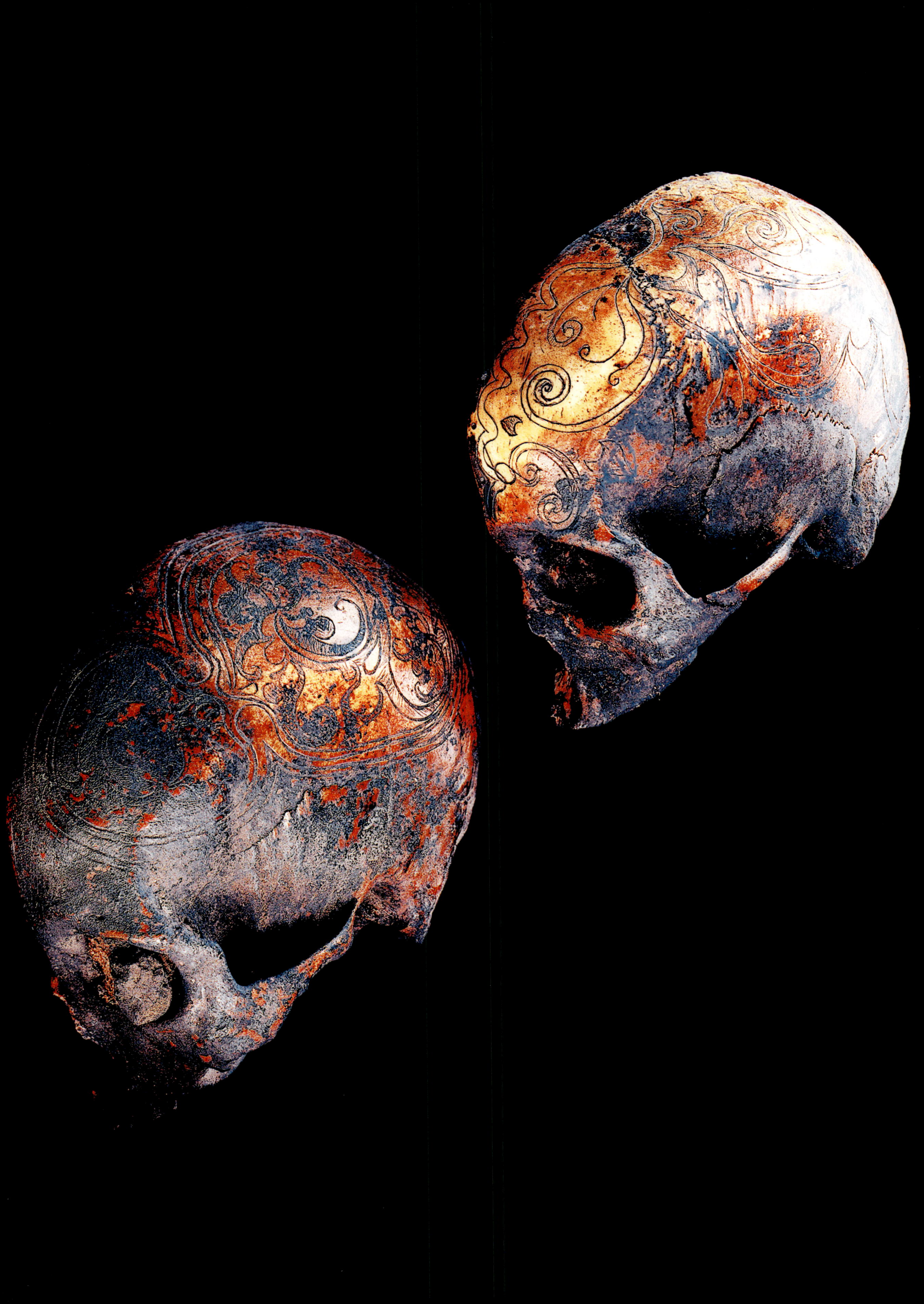

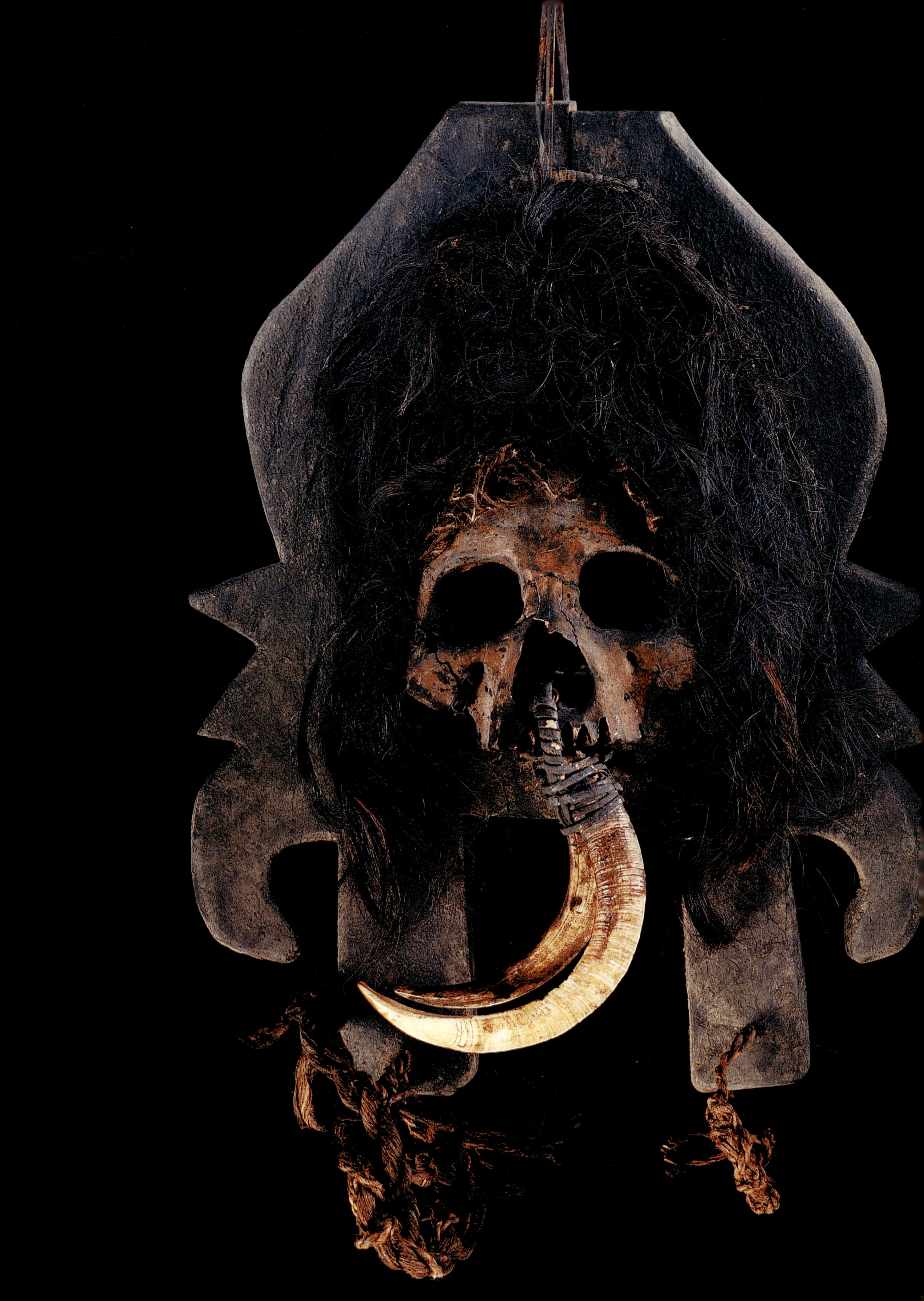

LANGOHR-DAYAK

Ein charakteristisches Merkmal der Dayak-Stämme war früher die Verwendung von schweren Ohrgehängen aus Bronze oder Messing. Heute sieht man diesen Schmuck nur noch bei alten Männern.

IBAN-DAYAK

Junge Mädchen mit Silberkrone.
Rechts: Korsett aus Rotan-Streifen, die mit Silberringen verflochten sind.

KÖRPERSCHMUCK DER DAYAK

Die Ornamentik auf der Haut spielen bei den Iban eine große Rolle. Diese Tätowierungen zeigen den sozialen Status und besondere Leistungen an. Bei den Iban durften sich Männer nach einer erfolgreichen Kopfjagd mit bestimmten Mustern tätowieren, Frauen durften auf dieselbe Weise ihre Arme schmücken, wenn sie besonders schöne Zeremonientücher hergestellt hatten.

ELFENBEIN

Elefantenzähne repräsentieren auf Flores einen wichtigen Teil des Brautpreises. Ihr Wert richtet sich nach ihrer Länge. Sie wurden ursprünglich aus Ostafrika eingeführt und gegen Sklaven eingetauscht. Der große, afrikanische Stoßzahn auf dem Schoß eines Brautpaares stammt aus dem 16. Jahrhundert und gehörte einst dem Raja von Sikka in Mittel-Flores (er befindet sich heute im Museum von Maumere, Flores).

GLASPERLENKUNST

Neben den alten, wertvollen Perlen sind seit Beginn des 20. Jahrhunderts eine andere kleinere, oft winzige Art von Perlen aus Glas oder aus synthetischem Material im Umlauf. Die Frauen verschiedener Dayak-Stämme setzen sie zu faszinierenden Mustern zusammen, die, ähnlich den Motiven auf den Ikat-Stoffen, eine magische-religiöse Schutzfunktion ausüben. Phantasievolle Gewebe aus winzigen Glasperlen schmücken Körbchen oder die großen, flachen Sonnenhüte, sie sind Teil der Zeremonialkleidung und verzieren die einzigartigen Babytragen, die den wertvollsten Familienbesitz darstellen.
Bei den Kelabit, Kenyah und Kayan werden diese Tragekörbe „ba“ genannt, in denen das Kind während der ersten Lebensmonate auf dem Rücken der Mutter herumgetragen wird. Ihre Rückenlehne besteht meistens aus einem Rotan-Geflecht, das mit einem aufwendig gestalteten Perlengewebe verziert ist. Häufig werden daran noch weitere magische Schutzamulette aus alten Perlen, Muscheln oder Tierzähnen lose befestigt, um durch das rasselnde Geräusch, das bei der kleinsten Bewegung entsteht, die bösen Geister zu verscheuchen.
Die Glasperlenmuster zeigen auch den sozialen Status der Eltern an: eine menschliche Figur in ihrer gesamten Größe oder das Hunde-Drachen-Motiv schmücken das „ba“ von adeligen Familien, einfache Stammesmitglieder verwenden geometrische Ornamente. An der Herstellung eines solchen Glasperlendekors arbeitet eine erfahrene Frau mehrere Monate.

Links oben: Kindertrage der Kayan; Glasperlendekor und überreicher Behang von Bären-, Nebelparder- und Krokodilzähnen.

Links unten: Glasperlendekor mit stilisierter Menschenfigur, alten Perlen, Muschelscheiben, Bronzeschellen.

Rechts oben: Kindertrage mit großen, alten Perlen, Glasperlengewebe, Schutzamulette aus Bronzeschellen (Detail).

Rechts Mitte: Zwei Aso-Fluss-Darstellungen aus Glasperlen, Kauris.

Rechts unten: Schurz aus Perlengewebe mit abstrakten, stilisierten Motiven (Detail).

ADAT-HÄUSER

Die traditionellen Sippenhäuser auf den östlichen Inseln, in denen noch die Regeln des Adat gelten, sind heilige Orte, wo Goldschmuck, Elfenbein, Bronzen und Textilien aufbewahrt werden. Es sind oft wahre Schatzhäuser, die ihre spirituellen Kräfte von den langen, durchgehenden Linien der mythischen Ahnen ableiten. Sie symbolisieren den Kosmos mit seinen drei Ebenen: Ganz unten auf dem Boden hausen die Tiere, auf der Plattform, im mittleren Bereich, leben die Menschen und unter dem Dach ist die Sphäre der Ahnen und Götter.

Oben: Eine traditionelle Dorfanlage der Bajawa auf Flores mit alten Megalithen und kleinen Ahnenschreinen. Einige Häuser haben Schutzfiguren auf dem Dachfirst. Es gibt mehrere megalithische Steingruppen, die als rituelle Versammlungsplätze für die Dorfältesten dienen.
Rechts: Sumba-Haus mit einer kühnen Dachkonstruktion aus Bambusstangen und Alang-Alang-Gräsern. Je höher das Dach, desto höher der Status seiner Bewohner. Im Vordergrund sind rituelle Steinsetzungen ersichtlich, die auch heute noch eine wichtige Rolle spielen.

GOLDSCHÄTZE

Goldschmiedearbeiten in hoher Vollendung waren vor allem den Mitgliedern adeliger Raja-Familien auf Flores und Sumba vorbehalten. Als wertvolle Erbstücke wurden sie in den Adat-Häusern aufbewahrt und vom Vater an den Sohn weitergegeben.
Die kostbarsten unter ihnen galten als heilig, sie waren die Paraphernalia der göttlichen Ahnen, die ihnen überirdische Kräfte verliehen hatten. Sie sind Symbole für Reichtum und Macht und manche fungieren auch heute noch als rituelle Tauschmittel. Das Gold stammt aus eingeschmolzenen Kolonialmünzen, die in alten Zeiten von den Holländern gegen Sandelholz und Pferde eingehandelt wurden.

Oben: Eine adelige Frau aus Ost-Sumba trägt eine Marangga, den massiven Brustschmuck aus Gold, und außerdem Elfenbein-Armreifen. Bevor sie den Schmuck anlegt, müssen die Ahnen um Erlaubnis gefragt werden.

Links: Diese besonders schön gearbeitete Goldkrone wurde von einem Raja aus der Nage-Region in Zentral-Flores bei großen zeremoniellen Zusammenkünften getragen. Einige Autoren glauben, das Vorbild für diesen Kopfschmucktyp gehe auf Darstellungen von Federkronen zurück, ähnlich den Abbildungen, wie sie auf den berühmten antiken Bronzetrommeln oder auf Kesselgongs vorkommen.

STATUSSYMBOLE

Tänzer und Tänzerin aus Ost-Timor tragen ein für diese Inselwelt typisches Gehänge auf der Stirn oder Schläfe. Es besteht aus einer Goldlegierung und hat die Form eines zunehmenden Mondes. Dieses Schmuckstück heißt in der Tetun-Sprache Kaibuk und symbolisiert den Mond, den Partner der Sonne, der die Erde in der Nacht beleuchtet. Es zeigt den sozialen Status einer Person an und kommt häufig als Motiv an den Holzpaneelen der alten Belu-Häuser vor.

Nächste Doppelseite: Tänzer im Ritualschmuck präsentieren die langen Schwerter aus der Schatztruhe des Rajas von Besikama, einem der letzten Repräsentanten des alten Reiches von Wehali. Dieser kleine Ort liegt an der südlichen Küstenebene von Timor, die einst als das rituelle Zentrum dieser Insel galt. Die Wehali-Gesellschaft war streng matriachalisch ausgerichtet.

RITUALE DES GEBENS UND NEHMENS

Auf den östlichen Inseln Indonesiens sind die Menschen durch ein komplexes Netz symbolischer Tauschbeziehungen miteinander verstrickt, die sich über mehrere Generationen hinweg erstrecken können.
Die alten Traditionen des Adat legen fest, welchen Lauf das Leben nimmt, welche Klangruppen Frauen „geben“ und welche von ihnen Frauen „empfangen“. Jede Eheschliessung beruht auf rituellem Tausch von Geschenken und den sich daraus entwickelten Rechten und Pflichten.
Die Verwandtschaftslinie der Frau erhält kostbaren Goldschmuck und Elefantenzähne, die Familie des Mannes dagegen wertvolle Ikat-Stoffe. Früher wurden auch noch Boote, Schweine und Sklaven getauscht.

Links und rechts oben: Verheiratete Frau mit Mamuli, dem für Sumba typischen Goldschmuck, der als Anhänger um den Hals oder am Ohr getragen wird. Dieses Schmuckstück erhält eine Frau als Erbstück beim Tod ihrer Mutter oder als Brautgeschenk von ihrem Mann. Mamuli haben die Form eines Omega und symbolisieren das weibliche Geschlechtsorgan. Ihre Magie fördert Fruchtbarkeit und schützt vor Krankheiten. Sie dient den Priestern, Kontakte zu den Ahnen herzustellen.

Rechts unten: Reich verzierte Grabstele aus Stein mit Darstellungen von Maranggas, Stirnschmuck und Mamulis in erhabenem Relief; Ost-Sumba.
Diese Motive deuten darauf hin, dass es sich bei dem Verstorbenen um ein Mitglied einer adeligen Familie handelte.

Nächste Doppelseite: Goldobjekte sind Zeichen männlicher Macht. Das Gold symbolisiert die Sonne, das mit einer heiligen und gefährlichen Hitze brennt. Der Wert des Goldes richtet sich besonders nach dieser „Hitze“, die durch Opfergaben und Rituale gekühlt werden muss. Goldobjekte sind Paraphernalia, die sich von der mythischen Ahnenreihe ableiten.

Lamba, goldener Stirnschmuck in Gestalt eines Wasserbüffelgehörns; Sumba.

Kanatara, massive Goldkette, die in Form von zwei Maranggas endet; Ost-Sumba.

Mamuli, Ohrschmuck oder Anhänger mit Kriegerfiguren aus Goldblech; Sumba.

Marangga (Pektoral) aus 18-karätigem Goldblech, im Idealfall an einer goldenen Zeremonialkette (Kanatara) getragen; Tanimbar.

Gold-Pektoral in Gestalt einer Scheibe mit stilisiertem Gesicht; Tanimbar.

(Reihenfolge von links oben nach rechts unten)

INDEX

BILDNACHWEIS

Aufnahmen aus Asien:
Edwards, John R.: S. 122, 123
Friedhuber, Sepp: S. 202 links, 203 rechts
Hummer, Gerhard: S. 270/271
Hutticher, Hans: S. 169, 174
Kirchgäßner, Ditmar: S. 276, 281, 284
Laub, Eugen: Klappe (Foto Trupp), S. 302 oben links
Maréchaux, Pascal: S. 20, 39
Moritz, Wolfgang: S. 277, 279
Ploner, Ingrid: S. 24, 32/33
Schmid, Robert: Umschlag Vorderseite (Naga-Krieger aus Myanmar), S. 76, 78, 79, 81, 82, 89, 98, 116 oben, 117, 118 unten, 119, 126, 128, 129, 130 Mitte, 131, 132, 133, 136, 137, 140, 142, 148, 149, 152, 154, 155 rechts oben, 158, 159, 160, 176, 177, 179 rechts unten, 202 Mitte, 212, 213, 216, 217, 218, 220, 221, 222, 223, 224, 226, 227, 228, 229, 230, 231, 235 rechts oben, 236, 238, 242, 243, 246, 247, 248, 249, 250, 251, 252, 253, 254, 255, 256, 257, 258, 259, 260, 261, 262, 263, 272, 273, 274, 275, 278, 280, 282, 283, 286, 288 Mitte, 295
Trupp, Alexander: S. 205, 304
Trupp, Claudia: S. 204
Trupp, Fritz: Umschlag Rückseite (verschleierte Frau mit Henna-Hand aus dem Jemen), S. 10, 14–19, 21, 22, 23, 25, 27, 28, 30, 31, 34–37, 42, 48-75, 78, 80, 83–88, 90–97, 102–115, 116 unten, 118 oben, 120, 121, 124, 125, 127, 130, 134, 141, 142, 150–153, 155, 156–159, 162–168, 170–172, 174, 175, 177, 178, 179 oben, 180–184, 190–201, 206, 207, 209–211, 215, 225, 232–235, 285, 288, 289, 290, 294, 296–301, 302 unten, 303, 305, 307, 308–313
Trupp, Ilse: S .26, 214, 219

Aufnahmen der Objekte aus privaten Sammlungen:
Humer, Helmut: S. 38, 40, 41, 138, 139, 208
Schepe, Christian: S. 29, 265, 291, 292, 293, 306, 314, 315 sowie die Objekte auf der Landkarte (Vor- und Nachsatz) mit Ausnahme der Goldscheibe rechts unten.
Weissenegger, Alfred: S. 237

Grafiken:
Elwin, Verrier (1959): S. 101, Ratzel, Friedrich (1895) : S. 144, 240, 241, 268, Fischer, Joseph (1979): S. 266

Nachweis der Schmuckstücke aus privaten Sammlungen:
Vor- und Nachsatz: Alle Objekte aus der Sammlung Trupp, das Goldobjekt rechts unten der Sammlung Funke sowie die Goldscheibe der Sammlung Pojer rechts außen ausgenommen.
Museum Schmiding: S. 138/139, 208, 237
Privatsammlung, Kuching: S. 302/303
Privatsammlung: S.209
Sammlung Funke: S. 306, 314–315
Sammlung Konzett: S. 264, 291–293
Sammlung Trupp: S. 29, 38, 40/41, 54

LITERATUR

Barbier, Jean Paul: Art of Nagaland. The Barbier-Mueller Collection Geneva. Ausst. kat. Los Angeles 1984

Barthel, Hellmuth: Mongolei – Land zwischen Taiga und Wüste. Gotha/Leipzig 1971

Baumer, Christoph: Bön. Die lebendige Ur-Religion Tibets. Graz 1999

Bernatzik, Hugo Adolf: Akha und Meau. 2 Bde., Innsbruck 1947

Bernatzik, Hugo Adolf: Die Geister der gelben Blätter. Gütersloh 1962

Bertrand, Gabrielle: Geheimnisvolles Reich der Frauen. Zwei Jahre bei den tibetanischen Stämmen in Assam. Zürich 1957

Bidder, Irmgard u. Hans: Filzteppiche, ihre Geschichte und Eigenart. Peter Thiele (Hg.), Braunschweig 1980

Bodrogi, Tibor: Kunst in Indonesien. Wien 1972

Brauns, Claus-Dieter, Löffler, Lorenz G.: Mru – Bergbewohner im Grenzgebiet von Bangladesh. Basel u.a. 1986

Credner, Wilhelm: Siam. Das Land der Tai. Eine Landeskunde auf Grund eigener Reisen und Forschungen. Stuttgart 1935

Der Weg zum Dach der Welt. Claudius C. Müller, Walter Raunig (Hg.), Innsbruck 1982

Die anderen Götter. Volks- und Stammesbronzen aus Indien. Gisela Vögler (Hg.), Köln 1993

Die Mongolen. Walter Heissig, Claudius C. Müller (Hg.), Innsbruck u.a. 1989

Doshi, Saryu: Tribal India. Ancestors, Gods and Spirits. Bombay 1992

Dürr, Heiner: Ostasien. In: Bronger, Dirk u.a.: Asien. Bd.2: Südostasien, Ostasien. München 1982, S.98–236

Elwin, Verrier: The Art of the North-East Frontier of India. Shillong 1959

Elwin, Verrier: The Tribal Art of Middle India. London 1951

Ethnic Groups of Mainland Southeast Asia. Frank M. LeBar u.a. (Hg.), New Haven 1964

Ethnic Jewellery. Johan Mark (Hg.), London 1994

Ethnic Jewellery from Africa, Asia and Pacific Islands. The René van der Star Collection. Amsterdam 2002

Fischer, Eberhard: Orissa – Kunst und Kultur in Nordost-Indien. Sitakant Mahapatra, Dinanath Pathy (Hg.), Zürich 1980

Fischer, Joseph: Threads of Traditions. Textiles of Indonesia and Sarawak. Los Angeles 1979

Fürer-Haimendorf, Christoph von: Die nackten Nagas. Leipzig 1939

Fürer-Haimendorf, Christoph von: Glückliche Barbaren. Bei unbekannten Völkern an der Nordgrenze Indiens. Wiesbaden 1956

Gabriel, Hannelore: Jewellery of Nepal. London 1999

Ganguli, Milada: Naga Art. New Delhi 1993

Ganguli, Milada: Reise zu den Naga. Leipzig 1976

Geo Special Arabien. Hamburg 2000

Geo Special Himalaya. Hamburg 1996

Grunfeld, Frederic V.: Siedler der Thai-Wälder. Die Akha. Amsterdam 1982

Ham, Peter van, Stirn, Aglaja: Buddhas Bergwüste. Tibets geheimes Erbe im Himalaya. Graz 1999

Ham, Peter van, Stirn, Aglaja: The Seven Sisters of India. Tribal Worlds Between Tibet and Burma. München u.a. 2000

Hanisch, Rolf: Struktur- und Entwicklungsprobleme Südostasiens. In: Handbuch der Dritten Welt, Bd.7, Dieter Nohlen u.a. (Hg.), Bonn 1994, S.54–113

Hasse, Gesine, Höpfner, Gerd: Metallschmuck aus Indien. Berlin 1978

Heine-Geldern, Robert: Südostasien. In: Illustrierte Völkerkunde. Bd.2, Georg Buschan (Hg.), Berlin 1923, S.689–968

Hörig, Rainer: Selbst die Götter haben sie uns geraubt. Indiens Adivasi kämpfen ums Überleben. Gesellschaft für bedrohte Völker (Hg.), Göttingen u.a. 1990

Huyler, Stephen P.: Village India. New York 1985

Indonesia in Focus. Reimar Schefold (Hg.), London 1988

Indonesien. Kunstwerke – Weltbilder. Heide Leigh-Theisen (Hg.), Ausst.kat. Linz 1999

Islands and Ancestors. Indigenous Styles of Southeast Asia. Jean Paul Barbier, Douglas Newton (Hg.), München 1988

Jacobs, Julian: The Nagas. Hillpeoples of Northeast India. Society, Culture and the Colonial Encounter. London 1990

Jain, Joytindra, Aggarwala, Aarti: National Handicrafts and Handlooms Museum. Middletown 1989

Jain, Joytindra, Sarabhai, Mallika: Ornaments. In: Crafts of Gujarat. Jasleen Dhamija (Hg.), New York 1985

Janata, Alfred: Schmuck in Afghanistan. Graz 1981

Jemen. 3000 Jahre Kunst und Kultur des glücklichen Arabien. Werner Daum (Hg.), Innsbruck/Frankfurt am Main 1988

Jonge, Nico de, Dijk, Toos van: Forgotten Islands of Indonesia. The Art and Culture of the Southeast Moluccas. Singapore 1995

Kennard, Jefferson S.: Timorese Tribal Bracelets. In: Arts of Asia. Hongkong, 7/8, 1995

Keyes, Charles F.: The Golden Peninsula. Culture and Adaptation in Mainland Southeast Asia. Honolulu 1995

Klingelfuss-Schneider, Ursula, Krehl-Eschler, Elisabeth: Von Mützen und Schleiern, zum Schützen und Feiern. Notizen zu Kopfbedeckungen im Islam. In: Kleidung und Schmuck. Basel 1988, S.57–64

Kortler, Fritz: Altarabische Träume. Pilgerreise in eine andere Welt und eine andere Zeit. Wörgl 1982

Kreisel, Gerd: Rajasthan-Land der Könige. Ausst.kat. Stuttgart, Wechmar 1995

Kubitscheck, Hans-Dieter: Südostasien. Völker und Kulturen. Berlin 1984

Leigh-Theisen, Heide: Der südostasiatische Archipel. Völker und Kulturen. Wien 1985

Lewis, Paul u. Elaine: Völker im Goldenen Dreieck. Stuttgart/London 1984

Loude, Jean-Yves, Lièvre, Viviane: Kalash Solstice. Kalash Winter Festivals in Northern Pakistan. Islamabad 1987

Maréchaux, Pascal u. Maria: Jemen. Nürnberg 1993

Merian Jemen, Oman, Vereinigte Arabische Emirate. München 1996

Mud, Mirror and Thread. Folk Traditions of Rural India. Nora Fisher (Hg.), Santa Fe 1993

Niggemeyer, Hermann: Kuttia Kond. Dschungelbauern in Orissa. München 1964

Nowgorodowa, Eleonora: Alte Kunst der Mongolei. Leipzig 1980

Postel, Michel Ear Ornaments of Ancient India. Bombay 1989

Power and Gold. Jewelry from Indonesia, Malaysia and the Philippines from the Collection of the Barbier-Mueller Museum. München 1985

Rajab, Jehan S.: Silver Jewellery of Oman Tareq Rajab Museum, Kuweit 1997

Ratzel, Friedrich: Völkerkunde. 2 Bde., Leipzig/Wien 1895

Religion and Ritual. Indonesian Heritage. James J. Fox (Hg.), Singapur 1998

Robertson, George Scott: The Kafirs of the Hindu-Kush. London 1896, Neuaufl. 1976

Ross, Heather Colyer: Bedouin Jewellery Fribourg 1981

Rowell, Galen: Mountain of the Middle Kingdom: Exploring the High Peaks of China and Tibet. San Francisco 1983

Schefold, Reimar: Spielzeug für die Seelen. Kunst und Kultur der Mentawai-Inseln. Zürich 1980

Schenk, Amelie: Schamanen auf dem Dach der Welt. Trance, Heilung und Initiation in Kleintibet. Graz 1994

Schindler, Manfred, Schubert, Johannes: Roter Fluss und blaue Berge. Durch Dschungel und Urwald von Assam. Leipzig 1960

Schmid, Robert, Bendl, Oswald: Die letzten Nomaden. Vom Leben und Überleben der letzten Hirtenvölker Asiens. Graz/Wien 1997

Schreyer, Claudia: Ethnischer Schmuck im hinduistischen Himachal Pradesh. Diplomarbeit, Wien 1996

Schuster, Gerhardt W.: Das Alte Tibet. Geheimnisse und Mysterien. St. Pölten u.a. 2000

Sellato, Bernard: Hornbill and Dragon. Kalimantan, Sarawak, Sabah, Brunei. Jakarta/Kuala Lumpur 1989

Sharma, Lakshmi C.: Census of India 1961: Himachal Pradesh. Gold and Silver Ornaments. Rural Craft Survey. Bombay 1967

Somaré, Grata u.a.: The Nagas. Disciplined Forms of Beauty. Bergamo 1992

Southeast Asian Tribes, Minorities, and Nations. 2 Bde., Peter Kunstadter (Hg.), New Jersey 1967

Steinmann, Axel: Blickfänge – Schmuck aus Nordafrika. Wien 1995/96

Stockhammer, Sonja: Der Schleier. Der Schleier in der abendländischen Tradition und der Gesichtsschleier des Orients. Diplomarbeit, Linz 1996

Tanimbar Maliku. The Unique Moluccan Photographs of Petrus Drabbe. Alphen aan den Rhin 1995

Taube, Erika u. Manfred: Schamanen und Rhapsoden. Die geistige Kultur der alten Mongolei Wien 1983

The Eloquent Dead. Ancestral Sculpture of Indonesia and South-East Asia. Jerôme Feldman (Hg.), Los Angeles 1985

The Splendor of Ethnic Jewelry. From the Colette and Jean-Pierre Ghysels Collection. Robert Morton (Hg.), London 1994

Thesiger, Wilfred: Die Brunnen der Wüste. Mit den Beduinen durch das unbekannte Arabien. München 1959

Thiel, Erich: Die Mongolei. Land, Volk und Wirtschaft. München 1958

Tichy, Herbert: Himalaya. Wien/München 1968

Trachten und Schmuck chinesischer Nationalitäten. Peace Book Company (Hg.), Hongkong 1988

Tsultem, N.: Mongolian Arts and Crafts. Ulan Bator 1987

Tucci, Giuseppe, Heissig, Walter: Die Religionen Tibets und der Mongolei. Stuttgart 1970

Uhlig, Harald: Südostasien – Austral-pazifischer Raum. Frankfurt am Main 1975

Uhlig, Harald: Südostasien. Frankfurt am Main 1988

Untracht, Oppi: Traditional Jewellery of India. London 1997

Wald, Peter: Exkurs: Jemenitischer Silberschmuck. In: Der Jemen. Köln 1989

Waterson, Roxana: The Living House. An Anthropology of Architecture in South-East Asia. Oxford/New York 1990

Weihreter, Hans: Schätze der Menschen und Götter. Alter Goldschmuck aus Indien. Augsburg 1993

Weihreter, Hans: Schmuck aus dem Himalaja. Graz 1988

Weir, Shelagh: The Bedouin. British Museum, London 1990

Wiggers, Frank: Indonesian Tribal Gold. Jakarta 1998

Wilder Osten. Asiens Peripherie liegt im Herzen des Kontinents. In: Geo Special Himalaya, Hamburg 1996

Windisch-Graetz, Stephanie u. Ghislaine de: Juwelen des Himalaya. Lausanne 1981

Wutt, Karl: Pashai. Landschaft – Mensch – Architektur. Graz 1981

Zacken, Wolfmar: Galerie Zacke. Alter exklusiver Schmuck aus Indien und Tibet sowie indischer Amulettschmuck. Wien 1989

Zainie, Carla: Handicraft in Sarawak. Kuching 1969

KYRGYZ
PASHAI
KALASH
TIBETAN PEOPL
HUNZA
BANJARA
BISHNOI
RABARI
BHIL
ARABIAN
BEDOUINS
GOND
KHO
BOND
GAD
SAC
YEMENITES